AF524628

Antikens demokrati

ANTIKENS DEMOKRATI

och dess aktualitet idag

Eva Hedman

© 2015 Eva Hedman

Förlag och tryck: BoD
Layout och omslag: Bo Helgeson
ISBN: 978-91-7569-765-9

INNEHÅLL

Vad denna bok handlar om – och varför

Denna bok handlar om demokrati. Men inte om den demokrati vi idag känner igen oss i, utan om historiens första kända demokrati, det vill säga antikens demokrati i stadsstaten Athen.[1] Som sociolog är jag egentligen mest van vid att hålla mig till nutid. Men det var till antiken mina frågor kring demokrati till slut ledde mig.

Den första gången jag på allvar började fundera över själva ordet demokrati ligger så långt tillbaka som vårvintern 1977, då några dramatiska händelser utspelade sig i min dåvarande hemstad Umeå. Ett stort uppbåd poliser, som mobiliserats från stora delar av norra Sverige, stormade en skogsdunge i stadsdelen Ålidhem. Polisernas uppgift var att avhysa de människor som under några veckors tid hade ockuperat det lilla skogsområdet för att hindra träden från att fällas. Polisaktionen markerade slutet på en process som pågått i flera år och som handlat om hur skogsdungen som låg mitt i området skulle utnyttjas.

Enligt planerna skulle där byggas en högstadieskola. Områdets invånare ville gärna ha skolan. Men inte vägg i vägg med det kommersiella inomhuscentret, vars lockelser redan hunnit leda till problem. Dessutom ville man behålla själva skogsdungen. Även om den var liten och nedsliten hade den kommit att symbolisera den naturliga grönska man saknade inne i bostadsområdet. På olika sätt hade man därför fört fram kritik mot de uppgjorda planerna. Dock utan resultat.

Det var vinter med snö och is den dag planen skulle börja verkställas och en grupp byggnadsarbetare kom till skogsdungen för att fälla träden. När några barn, som lekte i området, inledde

---

1 Se till exempel Hansen, M.H. (2012), *Demokratiets historia. Fra oldtiden til nutid*, s. 22.

ett snöbollskrig avbröt man emellertid nedsågningen. Arbetsledaren ansåg det för riskfyllt att fortsätta. Och därmed hade det första steget tagits i vad som skulle komma att utveckla sig till en regelrätt ockupation av den lilla skogsdungen.

Barnens spontana reaktion ryckte med sig de vuxna och Ålidhemsborna vakade över sin dunge både dag och natt. Aktionen fick ett brett stöd, inte bara från områdets egna invånare utan också från stadens övriga befolkning. Den 15 april var ockupationen dock till ända. En massiv polisaktion hade då drivit bort ockupanterna. Industristängsel sattes upp, träden fälldes och den politiskt beslutade planen började verkställas.

Den extrema upplösningen på denna händelsekedja gjorde många upprörda och fick dem att allvarligt fundera på och diskutera frågor kring demokrati. Det massiva uppbådandet av polismakt föreföll inte att stå i någon rimlig proportion till själva sakfrågan, det vill säga att skolan skulle byggas på just den plats som låg i direkt anslutning till shoppingcentret. Vid denna tid var bostadsområdet nämligen fortfarande på två sidor omgivet av obebyggd och till stora delar oplanerad mark.

Hur kunde det därför komma sig att ansvariga politiker och tjänstemän inte hade velat ifrågasätta de ursprungliga planerna utan i stället till slut tagit till så drastiska medel för att verkställa sina beslut? Vad drev de ansvariga att inte vilja ta hänsyn till en så omfattande opinion? Det var frågor som många ställde sig, inklusive jag själv.

I Umeå hade man inte varit främmande för att ändra antagna planer. Ålidhemsområdet hade ursprungligen varit planerat som ett villaområde. Processen hade rentav gått så långt att tomter hade börjat fördelas när man lade om planerna. I stället beslöt man att bebygga området med studentbostäder och flerfamiljshus. Det hade vid denna tidpunkt nämligen blivit viktigt att presentera Umeå som attraktiv lokaliseringsort för landets femte universitet.

Händelserna kring skogsdungen i Ålidhemsområdet tycktes peka på att det inte bara var själva sakfrågan det handlade om. Visst kunde det bli kostsamt att upprätta nya planer och bygga skolan på en annan plats i området längre från shoppingcentret. Detta kunde i och för sig vara skäl nog för de planeringsansvariga att inte vilja acceptera de boendes kritik och önskan om annan placering. Men det verkar ändå behövas mera till för att förklara att man tog till så drastiska metoder som att låta det gå till polisstormning för att genomdriva sitt beslut.

Man kunde notera att det i hög grad var i termer av demokrati som politikerna och tjänstemännen förklarade och försvarade sitt handlande. De hävdade att planerna tillkommit "i god demokratisk ordning" och att de därför måste verkställas. Det vore odemokratiskt att frångå ett sådant beslut.

Men de boende ville inte acceptera att beslutet var demokratiskt. Att det tillkommit på ett formellt korrekt sätt var för dem inte grund nog för att kalla det demokratiskt. För dem var den springande punkten att de som var direkt berörda av beslutet i så fall borde ha haft möjlighet till ett reellt inflytande på beslutet i fråga. Detta menade de boende sig inte ha haft.

Det intressanta var att båda parter i denna konflikt tycktes se på just sig själva som demokratins sanna försvarare. Och under åren som gått sedan dess har jag många gånger stött på liknande konflikter, där olika uppfattningar om vad som egentligen utgör ett demokratiskt beslut stått emot varandra. Trots att demokrati är ett av våra mest centrala politiska begrepp verkar det knappast vara självklart vad detta ord egentligen betyder.

Vi verkar röra oss med två i grunden olika demokratiuppfattningar. Den ena är den formella lagstadgade demokratin, vårt parlamentariska politiska system. Det vill säga den form av demokrati vi deltar i när vi går till allmänna val.

Men samtidigt tycks vi bära på en mer vardaglig uppfattning om demokrati, som aktualiseras när vi själva personligen och mycket direkt berörs i vår näraliggande vardag. Det vi då menar med demokrati brukar ofta vara att de som är mest direkt berörda av en viss fråga också skall kunna ha ett reellt inflytande på beslut i frågan. Att besluten formellt fattas "i god demokratisk ordning" tycks då ofta vara av ett mer underordnat intresse.

Händelser som dessa kom mig att undra över ordet demokrati. Vad betyder demokrati – egentligen? För att söka svar på frågan gick jag tillbaka till antiken och den grekiska stadsstaten Athen. Det var ju där och då historiens först kända demokrati hade uppstått och själva ordet demokrati hade blivit till.

Mitt intresse förstärktes av att den antika demokratin fortfarande idag kan dyka upp i diskussioner om demokrati. Ibland som något eftersträvansvärt, till exempel den antika demokratins mera direkta beslutsformer. Men kanske oftare som något man är angelägen om att ta avstånd ifrån. Man påtalar då att den antika formen av demokrati inte skulle fungera i dagens samhälle, som är så mycket större och mer utvecklat och komplext. Men kanske framförallt pekar man på att den grekiska antikens demokrati bara gällde för en mycket begränsad grupp i samhället. Den gällde aldrig kvinnorna, slavarna eller de invandrade.

Sådana tillbakakopplingar öppnar dock sällan för någon djupare förståelse av varför den tidens styresformer såg ut som de gjorde. Antikens grekiska demokrati framstår snarast som en märklig kuriositet. Det förefaller närmast obegripligt varför begreppet demokrati överhuvudtaget hade dykt upp just där och just då, och hur det hade kunnat användas för att beteckna de politiska förhållanden som då rådde.

Detta gjorde mig nyfiken. När och varför hade ordet demokrati uppkommit? Men inte bara själva ordet demokrati gjorde mig nyfiken, utan också den antika demokratin som sådan. Hur och varför hade historiens första demokrati uppstått? Varför hade en statsform som gavs namnet demokrati dykt upp just under den grekiska antikens tid, och varför just i stadsstaten Athen? Och hur hade den sett ut?

Jag fann inte några lättillgängliga eller färdiga svar på mina frågor och sökte mig därför till historieforskningen om den grekiska antiken.[2] Det är resultaten av denna resa som jag försöker förmedla i denna bok. Jag gör det under följande huvudrubriker:

- När uppkom ordet demokrati?
- Antikens athenska demokrati
- Den athenska demokratins framväxt, utveckling och undergång
- Den antika demokratins tankevärld
- Aristoteles och den athenska demokratin

Att gå tillbaka till antikens värld och söka demokratins rötter blev ett spännande äventyr. Men allt eftersom blev det också något mera, det blev en språngbräda tillbaka till nutid. Trots att antikens athenska demokrati är så avlägsen, både i tid och omständigheter, har den fått mig att reflektera kring demokratins förutsättningar i vår egen tid. Som en avslutning skriver jag om detta, och gör det under följande rubriker:

- Antikens demokrati var direkt. Varför?
- Att representeras av andra.
- Demokrati som vidareutveckling av redan existerande strukturer.
- Är genomförandet av demokrati beroende av goda tider?
- Råder det motsättning mellan demokrati och allmänintresset?
- Parlamentarism som en nutida form av demokrati.
- Ett nytt historiskt läge?

---

2 För en kortfattad översiktlig introduktion till antikens grekiska demokrati och dess utveckling (skriven av antikhistorikern Charlotte Wikander) se *Nationalencyklopedin*, fjärde bandet (1990), s. 496.

NÄR UPPKOM ORDET DEMOKRATI?

Demokrati – få ord används väl så ofta och så gärna i dagens samhällspolitiska debatt. Få politiska begrepp har dessutom en lika lång historia. Genom snart två och ett halvt årtusende, sedan de antika grekernas tid på 400-talet före vår tideräkning, har det funnits och kommit till användning, om än ibland med långa uppehåll.[3]

Begreppet demokrati har samlat på sig ett antal olikartade betydelser, och det har genom historien också väckt de mest motsatta känslor. Hos de antika grekerna användes det med såväl positiva som negativa förtecken. Därefter dröjde det länge innan det åter förknippades med något positivt.[4]

Det dröjde överhuvudtaget länge innan demokratibegreppet efter antiken åter kom till användning. Det betyder dock inte att det inte förekom sådant som vi utifrån dagens perspektiv kanske skulle beskriva med detta ord. Några av åtskilliga exempel på vad som ibland i efterhand har beskrivits i termer av demokrati är såväl 900-talets isländska parlament som de schweiziska urkantonerna från 1200-talet och den senare medeltidens tyska och italienska stadsrepubliker.[5]

Själva ordet demokrati dök upp hos de medeltida filosoferna, exempelvis hos den italienske dominikanermunken, sedermera

---

3 Se särskilt Naess, A., Christophersen, J.A., Kvalø, K. (1956), *Democracy, Ideology and Objectivity*, kap. 4. Se även t.ex. Hansson, S. O., Hermansson, J. (red.) (1992), *Idéer om demokrati*; Hansen, M.H. (2012), *Demokratiets historia. Fra oldtiden til nutid*, s. 11.

4 T.ex. Finley, M. I. (1996/1985/1973), *Democracy, Ancient and Modern*, kap. 1.

5 Theimer, W. (1981/1947), *Lexikon der Politik*, s. 59; Hansen, M.H. (2012), s. 19–22.

katolska kyrkans officielle filosof, Thomas ab Aquino (1224-74). Denne spelade en stor roll för återupplivandet av den grekiska filosofen Aristoteles och hans teorier om bland annat den grekiska antikens demokrati. I Aristoteles efterföljd kom demokrati också för ab Aquino att stå för en dålig och "orätt" form av statsstyrelse.[6]

Det var dock först i samband med franska revolutionen som ordet demokrati blev ett aktuellt begrepp i det politiska språket. Jakobinerna och sansculotterna talade om sig själva som demokrater och Robespierre beskrev 1794 Frankrike som det första land i världen att införa demokrati.[7]

En mer allmän positiv inställning till demokrati lät dock vänta på sig ända fram till mitten av nittonhundratalet.[8] Men då hade demokratibegreppet hunnit genomgå ett antal olika betydelseutvecklingar sedan antikens tid, och kunde i mycket karakteriseras som ett sorts idealbegrepp som användes av de mest skilda politiska grupperingar. Och ungefär där befinner vi oss idag då demokrati är ett av vår tids verkliga honnörsord.

Vad menar vi då idag med demokrati? Att det har utvecklats till ett av våra mest positiva politiska ord betyder inte att det är ett ord med en väldefinierad eller entydig innebörd. Snarare tvärtom.

Innebär det att demokrati idag är ett begrepp utan någon egentlig egen innebörd? Har det snarast blivit ett begrepp som står öppet för var och en att utnyttja på det sätt man själv tycker passar bäst? Eller finns det någon innebörd av begreppet demokrati som är mer riktig eller rimlig än andra? Hur användes detta ord från första början? – Det är om dessa frågor resten av detta kapitel handlar.

---

6 Naess m.fl., s. 92–93. Se även Hedman, E. (1985), *Vad är demokrati? Kring demokratibegreppet som idé och realitet genom historien.*

7 Ibid, s. 11–15.

8 T.ex. Tingsten, H. (1964/1945), *Demokratiens problem*, s. 20–41; Williams, R. (1983/1976), *Keywords. A vocabulary of culture and society*, s. 94; *Geschichtliche Grundbegriffe* (1972), 1, s. 898.

Demos *och* kratia
– de två beståndsdelarna i ordet demokrati

Det var antikens greker som skapade begreppet demokrati genom att foga samman de två orden *demos* och *kratia.* Eftersom *demos* brukar översättas med ordet 'folk' och *kratia* med ordet 'makt' eller 'styre' har det sammanslagna begreppet demokrati ofta översatts med 'folkstyre', 'folkvälde' eller 'folkmakt'.[9] Men hur självklar är egentligen denna översättning?

Redan under antikens tid var *demos* (eller *damos*) ett ord med ett flertal betydelser. Mycket tidigt lär det ha betecknat ett visst landområde och de som bodde där och tillsammans utgjorde en gemenskap.[10] Den ursprungliga ordformen, *damos*, förekom redan i de så kallade linear B-texterna, det vill säga den stavelseskrift som användes av grekerna under deras bronsålder fram till cirka 1200-talet före vår tideräkning.[11] Där kan man läsa om en tvist mellan *damos* och prästerskapet, där *damos* gör anspråk på att vara de som är ägarna till det stycke allmänning som tvisten gäller.

Demos kom sedan att få ytterligare betydelser. I ett tidigt skede användes det för att beteckna den härförsamling som bestod av alla de vapenföra manliga medborgarna. För att De äldstes råd, som bestod av de makthavande klanhövdingarna, skulle kunna genomföra sina beslut krävdes ett enigt stöd från denna grupp. [12] Så småningom försköts betydelsen av *demos* till att beteckna hela gruppen vuxna manliga medborgare, det vill säga inte bara de vapenföra. Det var dessa som tillsammans utgjorde den beslut-

---

9 I t.ex. Thukydides (1978), *Kriget mellan Sparta och Athen*, II, s. 144–145 (övers: S. Linnér); Birgersson, B-O, Westerståhl, J. (1987), *Den svenska folkstyrelsen*, s. 9; Nationalencyklopedin, fjärde bandet, s. 496 (N. Andrén).

10 Tarkiainen, T. (1966/1959), *Die athenische Demokratie*, s. 18.

11 Furuhagen, H. (1982), *Grekernas värld*, s. 27–29.

12 Ibid, s. 28.

ande folkförsamlingen.[13] Det förekom dock att man också använde begreppet *demos* när man mera allmänt ville lägga tonvikten på en viss del av de manliga medborgarna. Det kunde vara 'de många', då man ville markera motsatsen till de få som tidigare hade haft makten. Eller 'de fattiga' i motsats till de rika medborgarna. De senare gick i sin tur ofta under namnet *aristoi*, 'de bästa'.[14] Filosofen Aristoteles kom för sin del att hävda att den enda egentliga och meningsfulla innebörden av begreppet *demos* var 'de fattiga medborgarna'. Det var nämligen dessa som, enligt Aristoteles, utgjorde 'de många'.[15]

Ordet *demos*, som vi idag ofta översätter med ordet 'folk', var således redan under antiken suddigt i sina konturer. Ibland betecknade det hela gruppen vuxna manliga medborgare, som tillsammans utgjorde den beslutande folkförsamlingen. Andra gånger betecknade det en viss grupp medborgare: de många eller de fattiga. Vad ordet *demos* däremot aldrig tycks ha betytt var det som ligger i vårt vida begrepp 'folk' eller 'befolkning'. *Demos* innefattade aldrig kvinnorna (inte ens de kvinnliga medborgarna), slavarna eller invandrarna.[16]

Kratia, den andra halvan av begreppet demokrati, förefaller dock att ha haft en mer entydig innebörd. Politisk makt eller styre innebar för antikens greker alltid ett direkt och personligt deltagande i styret av samhället. Att vara medborgare med fulla politiska rättigheter innebar i det antika Athen att själv vara en del av Folkförsamlingen där man både fattade beslut om vilka frågor som skulle upp till behandling och sedan fattade beslut i dessa frågor. Men det innefattade också att därefter själv vara med och verkställa de beslut som fattats.[17] Mer om hur detta gick

---

13 Tarkiainen, s. 18 och Starr, C. G. (1977), *The Economic and Social Growth of Early Greece*, s. 179.

14 T.ex. Furuhagen, s. 30; Finley (1996/1985/1973), s. 12.

15 Se vidare kapitlet om Aristoteles i denna bok.

16 T.ex. Furuhagen, s. 29.

17 För en diskussion av innebörden av att vara medborgare i de dåtida grekiska samhällena se Finley, M. I. (ed) (1984/1981), *The Legacy of*

till följer i nästkommande kapitel. För antikens athenare betydde *kratia* aldrig ett indirekt eller representativt styre.

Vad menade antikens greker med det nyskapade ordet 'demokrati'?

Hur användes då den nykonstruerade sammanslagna termen 'demokrati'? När började begreppet att användas, av vem, och vad menade man då man talade om demokrati?

Inledningsvis kan vi slå fast att de gamla grekerna inte uppfann begreppet demokrati för att sätta namn på en vision eller idé om ett tänkt framtida samhälle man önskade skapa. Grekerna använde ordet demokrati för att beteckna något som redan existerade och fanns på plats, nämligen den speciella politiska samhällsform som på 400-talet före vår tideräkning vuxit fram på vissa håll i det antika Grekland, framförallt i Athen med den omgivande Attikahalvön och som innebar att det var samtliga vuxna manliga medborgare som kommit att bli de styrande.[18]

Men lika lite som ordet *demos* användes det sammansatta ordet 'demokrati' på något entydigt sätt. Olika personer och olika grupper använde det olika, beroende på vad man ville framhäva och om detta var något man var positivt eller negativt inställd till.[19] Vilken innebörd man gav ordet demokrati tycks snarast ha

---

Greece. A New Appraisal, kap. 2.I. Att vara medborgare innebar i alla *poleis* att ha ett antal olika rättigheter, dock inte självklart den politiska rättigheten att rösta, den fanns endast i en demokrati (s 25).

18 Den av antikens demokratier som det varit möjligt att grundligt studera är den athenska. Se t.ex. Finley (1996/1985/1973), s. 14.

19 T.ex. Christiansen, E. (1974), *Politisk teoridannelse i antikken*; *Geschichtliche Grundbegriffe* (1972); Graubard, S. R.: "Demokrati" i Hagtvet, B. og Lafferty, W. M. (1984), *Demokrati og demokratisering*, s. 25–34; Held, D. (1987), *Models of Democracy*, s. 1–35; Lindberg, B., "Demokratin i historien" i *Vår bild av verkligheten. Idéhistoriska teman*

hängt samman med vilka mera allmänna konsekvenser av de rådande politiska förhållandena som man var särskilt angelägen om att framhäva.

Vi kan först gå tillbaka till Solon, den athenske lagstiftaren som levde mellan ungefär 638 och 558 f Kr. Vissa av antikens greker hävdade att han skulle ha varit den förste att tala om demokrati. "Det är demokratins väsen ... att icke lyda annan herre än lagen" är ett yttrande som tillskrivits Solon.[20] Att koppla samman begreppet demokrati med Solon tycks dock vara en efterhandskonstruktion, som gjordes först cirka tvåhundra år efter hans egen tid, och då för att legitimera vissa gruppers egna politiska intressen. Enligt vår tids historiker förekom begreppet demokrati ännu inte vid Solons tid.

Det förefaller belagt att 400-talet var det århundrade under vilket termen demokrati först började användas. En av de tidigaste skriftliga källor i vilken man funnit själva ordet demokrati (*demou kratousa cheir)* har angetts vara Aiskylos' drama "De skyddssökande", daterat till tidigast år 468.[21]

Det brukar hävdas att Herodotos, som ofta går under namnet historieskrivningens fader, och som levde ungefär mellan åren 485 och 425, också använde sig av begreppet demokrati.[22] Man åsyftar då ett avsnitt i hans verk som handlar om perserna och perserriket, i vilket Herodotos låter en diskussion utspinna sig om olika statsformers fördelar och nackdelar. I denna diskussion

---

(1986); Naess m.fl. (1956); Sartori, G. (1987), *The Theory of Democracy Revisited*, kap. 2; Tarkiainen; Williams, s. 94.

20 Naess m.fl., s. 78.

21 Hansen, M.H. (1982/1978), *Den athenske demokrati i 4. århundrade f.Kr. 1-3. Staten, folket, forfatningen*, s. 55 resp. s. 84, noterna 444 och 447.

22 Bl.a. Naess m.fl., s. 79; Graubard, s. 26; Fehr, B. (1984), *Die Tyrannentöter. Oder: Kann man der Demokratie ein Denkmal setzen?*, s. 76. Om Herodotos som historieskrivare och hans syn på demokrati se t.ex. Hansen, M.H.: "Filosoferne Sokrates, Platon og Aristoteteles", i Thomsen, R. (1986), *Den athenske demokrati i samtidens og eftertidens syn*, I, s. 142.

dryftar ett antal ledande persiska män, efter att ha slagit ihjäl den tidigare "falske" regenten, vilket styre som i fortsättningen bör gälla. De enas till slut om att återinföra kungadöme, men först efter att i tur och ordning ha diskuterat konsekvenserna av att låta folket, ett fåtal eller en enväldig härskare komma till makten.

Hänvisningen till Herodotos är emellertid lite problematisk, åtminstone vad gäller själva användandet av ordet demokrati. Herodotos talade om ett samhälle styrt av *demos* eller 'de många', för att därmed markera motsatsen till såväl ett styre av ett fåtal som ett styre av en ende. Däremot tycks han inte ha använt sig av det sammansatta ordet 'demokrati'. I den mån detta ord förekommer i hans texter lär det i stället vara ett verk av vissa av hans översättare. Det begrepp han själv använde var demokratibegreppets föregångare *isonomia* (lika inför lagen).[23] Trots detta tar jag ändå upp Herodotos i denna exposé. Jag gör det för att han, om än felaktigt, ofta nämns som en av demokratibegreppets tidiga användare.

För att återgå till den diskussion om olika statsformer som Herodotos återger[24]: En av de persiska stormännen, Otanes, är kritisk inför att åter sätta en enda person att härska. Han argumenterar för att överlämna makten åt det persiska folket. Otanes viktigaste invändningar mot en envåldshärskare är att "han rubbar de fädernesärvda sederna, skändar kvinnor och dödar människor utan laga dom". Och han fortsätter "Om däremot folket härskar, så kan man för det första därom använda det allra vackraste namn, nämligen jämlikhet, och för det andra gör folket intet av allt, vad envåldshärskaren brukar göra. Det tillsätter ämbeten genom lott, styrelsen är ansvarig, och folket hänskjuter alla ärenden till gemensam rådplägning. Jag röstar alltså för att vi avskaffar enväldet, och sätter folket i högsätet."

---

23 Har påpekats av bl.a. Vlastos, G. (1953), "Isonomia" i *American Journal of Philology 74* (1953), s. 337–366 och Sartori (1987), s. 292. Mer om begreppet 'isonomia' i kapitlet om den athenska demokratins framväxt.

24 Herodotos (2008/1968), *Herodotos historia*, s. 214–215.

Mot denna positiva syn på folkets styre talar sedan Megabyzos. Han är i sin kritik av envälde enig med Otanes. Men att överlämna makten åt folket kan han inte tänka sig. ”Ty ingenting är dåraktigare eller övermodigare än den onyttiga folkmassan. Om man vill undgå en envåldshärskares övermod, är det fullständigt olidligt att råka ut för en tygellös folkhops övermod. Ty om den förre gör något, så vet han vad han gör, men pöbeln vet ingenting. Ty hur skulle den kunna veta något, då den varken har lärt något gott eller känner det av sig självt, utan bara rusar på med allting utan förstånd, alldeles som en häftig vårflod? De, som menar illa med perserna, må hylla folkväldet, men låt oss utvälja en skara av de bästa män och ge makten åt dem.”

Dareios, den tredje att yttra sig, fyller på med ytterligare kritik av ett folkets styre. ”Om ... folket härskar, kan det inte undvikas, att dålighet inbryter. Och där dålighet bryter in i ett samhälle, där uppstår visserligen inte fiendskap, utan i stället häftig vänskap mellan de dåliga medborgarna. Ty de, som fördärvar samhället, sammansluter sig för att skada det. På detta sätt fortgår det, till dess någon ställer sig i spetsen för folket och gör slut på dess ofog. På grund härav vinner han folkets beundran och framträder snart som envåldshärskare. Även härigenom visar det sig således, att enväldet är den bästa författningen.”

Från Herodotos, som alltså inte själv använde sig av ordet demokrati, men som ändå diskuterade själva statsformen demosstyre, ur såväl ett positivt som ett negativt perspektiv, kan vi gå vidare till Demokritos. För denne filosof, född ungefär 460, var det individens frihet och oberoende som utgjorde det centrala i en demokrati.[25] Från honom kan vi sedan gå till den athenske fältherren Alcibiades, som levde ungefär 450 – 400. För denne utmärktes en demokrati av att den var motsatsen till ett despot-

25 Naess m.fl., s. 82.

iskt styre, det vill säga motsatsen till ett styre utan lag, där den som innehade makten härskade efter eget gottfinnande.[26]

Det finns dock en man som, både för sin samtid och för eftervärlden, i hög grad har kommit att personifiera den athenska demokratin, nämligen strategen Perikles, som levde mellan åren 495 och 429. Några skriftliga källor av hans egen hand existerar inte. Vi får gå till den samtida historikern Thukydides och hans omfattande verk om peloponnesiska kriget, det vill säga det krig som fördes åren 431 – 404 mellan de två grekiska stormakterna Athen och Sparta och i vilket också många andra grekiska stadsstater var indragna. Thukydides låter oss där höra Perikles i det så kallade begravningstalet. Dåtidens historieskrivare hade nämligen som sed att fläta in tal i sina historieberättelser. Även om dessa tal inte gjorde anspråk på att vara ordagranna återgivningar av vad som sagts i verkligheten, så anses de ändå väl motsvara innehållet i det som faktiskt sades.[27]

Perikles håller det första av de begravningstal som sedan varje år hölls för att hedra dem som under året stupat i kriget. I detta tal får vi bland annat höra honom säga följande:[28]

> *Vårt statsskick söker ej likna andras lagar: vi utgör snarare föredöme än efterbild. Sitt namn har det fått därav att förvaltningen sköts inte av ett fåtal utan av flertalet – därför kallas det folkvälde. I enskilda tvister är alla lika inför lagen. När det däremot gäller uppskattningen av en person så vinner den försteg i det offentliga som på något sätt utmärker sig, alltså inte alla och envar utan den duglige, och ingen fattig som är i stånd att på något sätt verka till statens bästa hindras av sin oansenliga ställning.*

---

26 Despoti, av det grekiska ordet *despotes*, en slavs herre. Med 'despoti' avsågs en statsform i vilken den som innehade makten härskade efter eget gottfinnande, det vill säga obunden av lagar. T.ex. S.J. Boëthius i *Nordisk Familjebok*, band 6 (1907), spalt 230.

27 Thukydides, del I, s. 16; Zilliacus, H. (1980), *Levande tradition. Studier i antiken*, s. 15–16.

28 Thukydides (översättare: Sture Linnér), del II, s. 144–146.

> *… om vi visar tolerans i vårt enskilda liv rättar vi oss däremot i det offentliga efter lagarna, främst av vördnad för dem. Vi hörsammar de ämbetsmän som för tillfället är vid makten och likaså lagarna, framförallt dem som stiftats till de förfördelades värn och de oskrivna bud som alla anser det vara en skam att kränka.*
>
> *… Vi är de enda som menar att den som står helt utanför dessa [statens affärer /EH] ej är tillbakadragen utan oduglig. Vi avgör frågorna själva eller ställer dem under vederbörlig diskussion. Vi anser nämligen ej att handling hämmas av ord utan tvärtom av att man skrider till verket utan att först genom överläggning göra sig noga underrättad. Även detta är en egenskap som skiljer oss från andra: vi tar stora risker men överväger dem omsorgsfullt i förväg. Hos andra är det däremot okunnigheten som föder mod och eftertanken tvekan.*

I Athen rådde alltså enligt Perikles 'folkvälde', för där sköttes ”förvaltningen … inte av ett fåtal utan av flertalet.”

Vi kan notera att i denna svenska översättning (från 1978) av Thukydides text, använde sig översättaren inte av ordet 'demokrati' utan 'folkvälde'. I en senare översättning av samma verk (2003), gjord i samband med förberedandet av en ny grundlag för EU, finner man att det i stället var ordet 'demokrati' som användes. Utkastet till fördragstexten inleddes med följande citat om demokrati ur Perikles begravningstal: ”Vår författning har namnet demokrati, emedan den är så gestaltad, att makten icke tillhör ett fåtal utan flera.” [29,30]

Om vi återgår till det längre citatet ovan kan vi läsa hur Perikles bland annat poängterar att i Athen är den fattige oförhindrad att delta i statens styrande. Ingen hindras av sin oansenliga ställning. Det är den duglige som vinner uppskattning. Alla är lika inför lagen och lagen respekteras. Man hörsammar de

---

29 Utkast till *Fördrag om upprättande av konstitution för Europa i juli 2003*, 2003/C 169/01. Den inledande återkopplingen till Perikles begravningstal utgick emellertid i det fortsatta arbetet.

30 Samtidigt hade ordet 'förvaltning' då byts ut mot 'makt' och 'flertalet' mot 'flera'.

ämbetsmän som för tillfället är vid makten.[31] Alla förväntas ta del i det politiska livet, den som ställer sig utanför betraktas som oduglig. Athenarna lever sina liv i frihet[32] och med tolerans för andra.

Den positiva syn på förhållandena i Athen som Perikles förmedlade delades dock inte av alla. Några som inte delade den var exempelvis de två filosoferna Platon och Aristoteles. Just dessa två män är särskilt intressanta i detta sammanhang. Det blev nämligen i hög grad deras tankar om demokrati, speciellt de hos Aristoteles, som kom att leva vidare långt fram i historien och dominera synen på demokrati.

Platon, som levde mellan åren 427 och 347, föddes i Athen något år efter Perikles död. Han kom att utveckla en mycket desillusionerad syn på politikens möjligheter. Han hade kommit till slutsatsen, att det enda hoppet, om man ville uppnå det goda och rättvisa samhället, låg i att söka sig till den sanna filosofin. Styrandet borde ligga i händerna på de filosofer som genom sin duglighet, bildning och träning uppnått förmågan att "se" det goda samhället. Upplösning, stridigheter och våld skulle komma att råda i samhället ända fram till den dag då de sanna filosoferna givits den politiska makten eller då politikerna, genom något mirakel, själva blivit sanna filosofer.[33]

Demokrati var, enligt Platon, en svag styresform. I en demokrati råder splittring, för där saknas den nödvändiga respekten för såväl moralisk som politisk auktoritet. I en demokrati spelar

---

31 Ämbetsposterna tillsattes på endast ett år i taget och alternerade enligt lottning bland medborgarna, varje post endast en gång per livstid. Se vidare nästa kapitel.

32 Det bör kanske noteras att 'frihet' vid denna tid hade en annan innebörd än idag. För antikens athenare stod det för att det var lagen som gällde och att alla (vuxna manliga) medborgare hade rätt att delta i beslutsfattandet. Det handlade inte om "the possession of inalienable rights" det vill säga att man som individ hade några 'oförytterliga rättigheter' eller ett 'privat' liv gentemot staten. Finley (1996/1985/1973), s. 116.

33 Plato (1980/1955), *The Republic*, s. 16, 48.

man på gemene mans svagheter, i stället för att ge honom det ledarskap han behöver. Risken för bittra klasstrider, mellan dem som har och dem som inte har, är överhängande.[34]

Gemene man utgår, enligt Platon, från sina impulser. Hans brist på erfarenheter och kunskaper gör det omöjligt för honom att fatta kloka politiska beslut. Detta kan kompenseras genom ett klokt ledarskap. I en demokrati uppmuntras emellertid dåligt ledarskap. Det stannar inte vid att gemene mans omdöme vid valet av ledare ofta är dåligt. Ledaren, som i allt han gör är beroende av sina väljares stöd, kommer att spela på deras känslor och svagheter. Han kommer därför aldrig att yppa en obekväm sanning eller föreslå en obekväm politik.

Frihet, hävdade Platon, är demokratins yttersta kännemärke. ”Det råder frihet och rätt att tala i överflöd och varje individ är fri att göra vad han önskar.” I en demokrati, hävdar Platon, förolämpas den som lyder auktoriteter. Erkänsla går i stället till de undersåtar som uppför sig som ledare och de ledare som uppför sig som undersåtar. I en demokrati skyr man allt tvång. För att slippa bli underställd, sätter man sig över all lag, såväl den skrivna som den oskrivna.[35]

Platon ville skapa ett gott och rättvist samhälle. Ett sådant förutsatte enligt honom att de sanna filosoferna, det vill säga de sanna experterna på vad som utgjorde ett gott och rättvist samhälle, fick styra. De okunniga måste låta sig styras. Auktoriteter och lagar måste följas. I en demokrati råder dock, enligt Platon, motsatsen till detta. Där råder frihet, där åtlyds ej lagarna. Demokrati är därför en dålig statsform.

Efter Platon kom hans lärjunge Aristoteles (385/84–323) att än mera systematiskt utveckla resonemangen kring demokrati och olika statsformer.[36] Aristoteles skulle rentav kunna beskrivas som den grekiska antikens demokratiteoretiker. Hans analyser av

---

34 Ibid, s. 29–30.

35 Ibid, s. 375 (557b), s. 382 (562d), s. 384 (563d).

36 Naess m.fl., s. 83, 89.

olika styresformer utgör än idag ett viktigt arv i den vetenskapliga litteraturen om olika politikformer. Därför återkommer jag längre fram med ett särskilt och mer utförligt kapitel om Aristoteles och bakgrunden till hans syn på demokrati.

Aristoteles tycks ha fungerat som något av en vattendelare. I synen på vad som ytterst kännetecknade en demokrati synes tonvikten ditintills framförallt att ha legat på hur många eller vilka som fattade besluten. Det vill säga att det hade handlat om maktens fördelning. Med Aristoteles försköts intresset till maktutövningens resultat, det vill säga till innehållet i den politik som fördes.[37]

Aristoteles byggde vidare på Platons indelning av olika statsformer i sex grundtyper. Denna indelning hade utgått från dels antalet styrande dels huruvida de styrande styrde enligt lagen eller inte.[38] Som första indelningsgrund utgick också Aristoteles från antalet styrande, och skilde mellan om de utgjordes av en enda, ett fåtal eller de många. Men framförallt utgick han från i vems intresse de styrande styrde. Styrde de till helhetens och allas bästa? Eller styrde de i blott sitt eget eller en begränsad grupps intresse?

Demokrati, enligt Aristoteles indelning, var en statsform där de många styrde. Men, än viktigare för Aristoteles var att demokrati var en statsform i vilken de styrande styrde utifrån de fattigas intresse. Därför hörde demokrati enligt honom till de dåliga statsformerna. Ett samhälle skulle inte styras utifrån endast en begränsad grupps intressen. Ett samhälle skulle, enligt Aristoteles, styras utifrån helhetens och allas gemensamma intresse.

Därmed – alltså med Aristoteles – är vi framme vid den demokratiuppfattning (en styresform av och för de fattiga och där makten var oinskränkt) som kom att göra sig gällande långt fram i historien. Men på vägen fram till Aristoteles har vi kunnat

---

37 T.ex. Geschichtliche Grundbegriffe, Bd.1, s. 821–835.

38 Platon (1985), *Statsmannen*, s. 361, 373–377.

finna att begreppet demokrati hade hunnit användas på ett antal olika sätt.

Bland dem som var positiva stod demokrati för att *demos* och folkförsamlingen styrde, att fri debatt gällde, att det rådde likhet inför lagen, att lagen respekterades, att man rättade sig efter ämbetsmännen och att det var medborgarnas egenskaper, inte deras börd eller förmögenhet, som räknades. De som däremot var negativa framhävde i stället att demokrati stod för mångvälde, de fattigas styre, ohämmad frihet, brist på respekt för lagar och ämbeten, massornas okunnighet och demagogers fjäskande för medborgarnas lägsta instinkter.[39]

Det antika demokratibegreppets mångtydighet

Vi finner således när vi återvänder till antikens Grekland att 'demokrati' inte var något entydigt ord, det användes i olika betydelser av olika talare. Det blir dock tydligt att de nutida översättningarna 'folkvälde', 'folkstyre' och 'folkmakt' inte ger oss någon klargörande bild av vad begreppet demokrati på den tiden stod för.

Även om en tillbakablick till antiken inte kan ge oss något entydigt demokratibegrepp så kan den dock ge oss nyttiga analysinstrument. När man studerar den tidens demokrati och tar del av Aristoteles analyser blir det tydligt att begreppet demokrati kan delas upp i tre olika dimensioner.

För det första definierades demokrati utifrån **vilka** som styrde och fattade besluten i Folkförsamlingen. Med demokrati menade antikens greker att det var *demos* som styrde. Ordet *demos* betydde då samtliga vuxna manliga athenska medborgare. Ibland menade man dock mera allmänt 'de många' eller 'de fattiga' vuxna

---

[39] Christiansen, s. 351; även bl. a. Hansen, M.H. (1999/1991), *The Athenian Democracy in the Age of Demosthenes. Structure, Principles and Ideology*, s. 125, 334.

manliga medborgarna.[40] För det andra handlade det om **hur** *demos* styrde, det vill säga formerna för det politiska inflytandet. De politiska styresformerna var vid den antika demokratins tid uppbyggda för att leda till ett direkt inflytande för de som hade rätten att styra. Att dessas inflytande skulle vara direkt och personligt betraktades vid denna tid som en självklarhet[41]. För det tredje handlade dock demokrati, särskilt för Aristoteles, också om dess resultat, det vill säga **i vems intresse** styrandet skedde. Enligt Aristoteles definierades demokrati av att det var ett samhälle som styrdes i 'de fattigas' intresse.

Det är viktigt att hålla dessa demokratins tre dimensioner i åtanke. Annars blir det knappast begripligt varför begreppet demokrati används, och har kunnat användas, på så olikartade sätt. Än är det då den ena, än den andra (eller flera) av dimensionerna som blivit använd som utgångspunkt. Det blir knappast förvånande att ordet 'demokrati' genom historien har använts och kunnat användas av vitt skilda personer och grupperingar i vitt skilda sammanhang.[42] Inte heller blir det förvånande att man på vitt skilda håll har kunnat betrakta just sig själva som de sanna demokraterna.[43]

---

40 Det vill säga de mer eller mindre egendomslösa fria männen. I antikens terminologi ingick aldrig slavarna i kategorin 'de fattiga'. Eftersom slavarna inte var medborgare vore det otänkbart att de skulle inneha någon form av politisk rättighet. Naess m.fl., s. 89.

41 Se t.ex. Næss m.fl., s. 92.

42 T. ex. Hedman.

43 Kanske är en av de för oss mest "drastiska" användningarna av begreppet 'demokrati' den som användes av den sovjetiske regeringschefen Josef Stalin när han beskrev den sovjetiska författningen som "den eneste fuldkommen demokratiske forfatning i verden". Citatet är hämtat från den danske statsvetaren Alf Ross' text "Hvad är demokrati?" i skriften *Nordisk demokrati* (1949), s. 191. Enligt Ross blir denna definition av demokrati bara begriplig om man inser att den "vanliga" uppfattningen lägger tonvikten vid *hur* man träffar de politiska besluten medan ryssarna i stället lägger tonvikten vid vad besluten går ut på, alltså deras innehåll eller syfte. – Utifrån vår tillbakablick kunde man kanske

ANTIKENS ATHENSKA DEMOKRATI

Antikens greker uppfann alltså inte begreppet demokrati för att namnge en idé eller vision om hur ett samhälle borde vara beskaffat. Grekerna myntade ordet demokrati för att sätta namn på något som redan existerade,[44] nämligen de samhällspolitiska styresformer som vuxit fram på vissa håll i det antika Grekland, framförallt i stadsstaten Athen.[45]

Vilka var då dessa styresformer? Vari bestod den athenska demokratin? Vilka politiska styresformer kännetecknade Athen under dess demokratiska period, det vill säga 400- och 300-talen före vår tideräkning?

Innan vi ger oss in på dessa frågor om den athenska demokratins former, och därefter, i nästa kapitel, dess historia, skall först något kort sägas om det dåtida grekiska samhället och de människor som levde där.

Det athenska samhället under 400-talet f. Kr.

Det samhälle vars politiska former vi skall undersöka var ett litet samhälle. Athen, som inkluderade den omgivande Attikahalvön, var visserligen en av de största bland Greklands cirka 650 stads-

---

säga att Stalin, liksom Aristoteles, lade tonvikten vid styrandets ”tredje dimension”, det vill säga styrandets resultat.

44 Jämför Kinzl, K. H. (1995), *Der Weg zur Demokratie bei den Griechen*, Wissenschaftliche Buchgesellschaft.

45 Det är tack vare det källmaterial som finns för den grekiska stadsstaten Athen (speciellt åren 355–322 f. Kr.) som det överhuvudtaget blivit möjligt att så pass noggrant och tillförlitligt kunna beskriva den antika demokratins former. Se till exempel Finley (1996/1985/1973), s. 14; Hansen, M.H. (1999/1991), s. 322.

stater (på grekiska *poleis*(pl), *polis*).[46] Ändå var den mindre än Blekinge till ytan och Göteborg till befolkningsantalet.[47]

I detta lilla samhälle var det blott en viss begränsad grupp som hade politiskt inflytande. Den antika athenska demokratin var de vuxna manliga medborgarnas demokrati. Kvinnor, slavar och invandrare, det vill säga den större delen av befolkningen, stod utanför det politiska livet och därmed de demokratiska styresformerna.

Athen kunde beskrivas som ett ståndssamhälle i det att befolkningen bestod av tre grupper – medborgare, metoiker (de invandrade icke-athenarna) och slavar – vars medlemskap och rättigheter var lagfästa och gick i arv. Medborgarna utgjorde den mest privilegierade gruppen. Förutom att medborgarna hade monopol på den politiska makten var det också bara de som fick äga jord. I det athenska samhället förekom vissa former av socialhjälp, exempelvis utdelning av spannmål i kristider. Också detta var något som endast var till för medborgarna.[48]

De invandrade metoikerna och deras efterkommande var medborgare och politiska medlemmar i andra stadsstater. I Athen stod de däremot utanför det politiska livet. Någon social diskriminering betydde emellertid inte detta. Såväl när det gällde handel som produktion var de likställda medborgarna.[49]

Slavarna var oftast importerade krigsfångar och sina herrars ägodelar. Formellt kunde slavarna varken ha egendom eller bestämma över sina liv, reellt varierade dock deras situation oerhört. Många tusen slavar arbetade under sämst tänkbara villkor i silvergruvorna, men det fanns också slavar som var bankirer eller fabriksägare, med i sin tur andra slavar under sig. De flesta slavar tycks dock ha varit så kallade husslavar, det vill säga att de

---

[46] Utöver dessa tillkom cirka 300 grekiska stadsstater belägna runtom i Medelhavsområdet, som grundats av grekiska emigranter. Hansen, M.H. (1999/1991), s. 55; Hansen, M.H. (2012), s. 22.

[47] Lindberg, s. 31.

[48] Hansen, M.H. (1986), I, s. 20–22.

[49] Ibid, s. 25.

närmast ingick som medlemmar i sina ägares familjer och liksom dessa arbetade med lantbruk, hantverk, handel, hemarbete och liknande göromål. [50]

Det sägs ha funnits ungefär 60 000 vuxna manliga medborgare i Athen kring år 430. Pest och krig minskade dock antalet drastiskt och under 300-talet räknar man med en siffra på 30 000 vuxna manliga medborgare. Totalt utgjorde de athenska medborgarna (när man också räknar med kvinnorna och barnen) uppemot 100 000 personer.[51]

Därtill kom metoikerna, de invandrade. Ungefär 20 000 vuxna manliga metoiker tycks ha funnits i Athen kring 317 – 307 och det totala antalet flera gånger större. Hur många slavarna var vet man inte. Eftersom de varken blev använda som skatteobjekt (som metoikerna) eller för krigstjänst (som medborgarna och metoikerna) blev de aldrig räknade. Själva lär athenarna ha gissat på att det fanns uppemot 400 000 slavar (kvinnor och barn inräknade). Detta höga tal tror vissa historiker inte på, utan ser gissningen snarare som ett uttryck för uppfattningen att slavarna var många. Det finns dock de som anser denna siffra vara helt rimlig och att antalet manliga vuxna slavar tidvis var åtminstone 150 000.[52]

Väljer vi att se på de grekiska samhällena ur ett mera ekonomiskt eller klassmässigt perspektiv samvarierar detta inte med de tre beskrivna grupperna. Att sätta likhetstecken mellan ”rik” och medborgare går exempelvis inte.[53] Långt ifrån alla medborgare var förmögna och alla med förmögenhet var inte medborgare. Den ekonomiska situationen skar på tvärs genom de tre grupperna. I samhällets ägande klass ingick inte bara medborgare

---

[50] T.ex. Finley, M. I. (1983/1953), *Economy and Society in Ancient Greece*, kap. 6; Zilliacus, H. (1987), *Hellener och barbarer*, s. 99; Hansen, M.H. (1986), I, s. 26–27.

[51] Hansen, M.H. (1999/1991), s. 92, 328; Hansen, M.H. (2012), s. 25.

[52] Hansen, M.H. (1999/1991), s. 93; Zilliacus (1987), s. 101.

[53] Davies, J. K. (1983/1978), *Das klassische Griechenland und die Demokratie*, s. 39.

utan även metoiker och vissa av slavarna. Och bland de egendomslösa ingick inte bara slavar, utan även de medborgare och metoiker som måste försörja sig som daglönare.[54]

För att återgå till demokratin i det antika Athen var den alltså de manliga medborgarnas sak. De kvinnliga medborgarna stod utanför. Att så var fallet var väl ur dåtidens perspektiv knappast förvånande. Mer märkligt är kanske att det var just i det blomstrande och demokratiska Athen som kvinnornas roll tycks ha varit särskilt undanskymd.[55] Åtminstone vad gäller medborgarkvinnorna.[56]

För Athens medborgarkvinnor[57] skulle demokratins framväxt rentav kunna tolkas som en utveckling mot allt mindre politiskt inflytande.[58] Så länge släktsamhället var starkt kunde kvinnorna genom sin integrerande funktion spela en betydelsefull politisk roll. Det var via kvinnornas giftermål som familjer och släkter flätades samman. Ju mer de samhälleliga besluten flyttades ut från släkternas interna värld till den gemensamma stadsstatens offentlighet, ju mer flyttades de ut till en politisk sfär förbehållen männen.

Var den antika athenska demokratin baserad på slavarbete? Var det slavarna som genom sitt arbete bar upp och kanske rentav utgjorde själva förutsättningen för den antika demokratin?

---

54 Hansen, M.H. (1986), I, s. 20.

55 T.ex. Zilliacus (1987), s. 115. Det finns dock enstaka historiker som vill ifrågasätta denna tolkning av källorna, se t.ex. Gomme, A. W. (1937), *Essays in Greek History and Literature*, s. 89–114 och Kitto, H. D. F. (1986/1957/1951), *The Greeks*, s. 219–.

56 Vogt, K., Lie, S., Gundersen, K., Bjørgum (red) (1985), *Kvinnenes kulturhistore. Fra antikken til år 1800*, 1, s. 30.

57 Huruvida kvinnorna inom medborgargruppen själva gick under benämningen medborgare finner jag svårt att bli klar över. För en diskussion om innebörden av medborgarbegreppet se t.ex. Finley (ed) (1984/1981), kap. 2.I.

58 Muntligt föredrag av antikhistorikern Charlotte Wikander. Antiksymposium, Umeå universitet, 1989-04-04.

Detta är en fråga som ofta har ställts och som utgjort en av den grekiska antikforskningens mest kontroversiella frågor.[59]

Å ena sidan finns den klassiska marxistiska bilden av Athen som ett samhälle där medborgarna var fria att ägna sig åt politiken eftersom produktionen sköttes av slavarna och metoikerna. Å den andra sidan har man den liberal-demokratiska uppfattningen om Athen som ett samhälle där nästan alla måste arbeta för att upprätthålla livet och där endast överklassen och mellanskikten hade slavar.

Numera har båda dessa uppfattningar bedömts vara felaktiga.[60] Av källorna framgår att de flesta hade slavar, men samtidigt visar källorna att de flesta athenare måste arbeta för sin föda. Idag tycks det därför vara få antikhistoriker som tillsluter sig någon av de två ovan beskrivna extremståndpunkterna.

De flesta tycks eniga om att nästan alla athenska manliga medborgare ägde åtminstone en slav men att de ändå behövde arbeta för sitt uppehälle. Forskarna tycks också vara eniga om att de flesta, inte bara över- och medelklassen, aktivt deltog i statens styre, men att detta bara upptog en mindre del av deras tid.

Det förefaller därför helt rimligt att anta att det rådde ett samband mellan slavarbete och den athenska demokratin på så sätt att slavarbetet underlättade det politiska deltagandet. Däremot anses det inte finnas grund att hävda, åtminstone i dagsläget, att slaveriet skulle ha varit en nödvändig förutsättning för den athenska demokratin.[61]

Här kan det vara anledning att ta upp också frågan om kvinnornas roll. Medan frågan om slaveriets roll för antikens demokrati länge varit föremål för diskussion och debatt kan detsamma knappast sägas om kvinnorna och deras arbete.

---

59 Se t.ex. Hansen, M.H. (1986), I, s. 26–28; Hansen, M.H. (1999/1991), s. 317.

60 Hansen, M.H. (1986), I, s. 28; Hansen, M.H. (1999/1991), s. 317; Finley (1983/1953), s. 111–115.

61 Finley(1983/1953), s. 111–112; Hansen, M.H. (1999/1991), s. 317.

Som avrundning bifogar jag därför följande ord av en känd antikhistoriker: ”... Det kan mycket väl tänkas att det var kvinnornas arbete, ännu mer än slavarnas, som gav de manliga athenska medborgarna möjligheten att ställa upp och ta del i de demokratiska aktiviteterna.”[62]

Den athenska demokratins olika styresformer

Vissa politiska institutioner var gemensamma för alla grekiska stadsstater. Det fanns en *folkförsamling*, ett *råd* och ett antal *ämbeten*. Det som varierade var deras sammansättning, hur de tillsattes, deras befogenheter och vad de kallades.

Den antika athenska demokratin handlade om en direkt, det vill säga inte representativ, form av styrelseskick. Varje vuxen manlig medborgare hade rätt att personligen vara med och fatta de avgörande politiska besluten. Besluten fattades i Folkförsamlingen, som stod öppen för dem alla. Besluten fattades inte av någon speciell, för ändamålet vald eller tillsatt grupp, utan direkt och av alla vuxna manliga medborgare tillsammans. Det vill säga av de som infunnit sig till det beslutande mötet i Folkförsamlingen.

Att de vuxna manliga medborgarna genom eget deltagande skulle styra sin stadsstat tycks ha varit en av de centrala teserna under demokratins epok i det antika Grekland. Inställningen att massans omdömesförmåga (förutsatt att den utgjordes av de manliga medborgarna) var överlägsen experters omdömen sägs ha utgjort en av dess mest fundamentala doktriner.[63]

Men den athenska demokratin kan beskrivas som direkt i ytterligare en mening utöver beslutsfattandet i Folkförsamlingen.[64] Förutom att det var de själva som beslutade var det

---

62 Hansen, M.H. (1999/1991), s. 317, min översättning.

63 Larsen, J. A. O. (1966/1955), *Representative Government in Greek and Roman History*, s. 1, 14.

64 Finley (1996/1985/1973), s. 18.

också medborgarna som själva förberedde och verkställde sina beslut. Det existerade ingen fristående eller särskild grupp statliga tjänstemän eller ämbetsmän. Varje år tillsattes bland dem själva de personer som skulle förbereda och utföra de politiskt beslutade uppgifterna. Detta gjordes genom lottning bland alla de manliga medborgare (över 30 år) som anmält sig som villiga.

I beskrivandet av den athenska demokratin och dess former är det lätt att villa bort sig i detaljer. Dessutom försvåras en beskrivning av att de olika politiska organen i vissa avseenden förändrades över tiden.[65] Det finns de som menar att den athenska demokratin kan delas in i två faser: en mer radikal period åren 462–404 och en blandad form av demokrati därefter.[66]

Det förefaller dock naturligt att börja en genomgång av den athenska demokratins styresformer med Folkförsamlingen (*ekklesia*). Denna beslutande församling stod öppen, med lika rättigheter att tala (*isegoria*) och genom handuppräckning besluta, för alla manliga medborgare över tjugo år. Den samlades i Athen på berget Pnyx' sluttning i endagsmöten, åtminstone fyrtio gånger per år. Tidigare, före 500-talet, hade den i stället samlats på torget, *agora*. Det var Folkförsamlingen som fattade de avgörande besluten om krig och fred, om fördrag med andra stater, om finanser och spannmålsförsörjning, om offentliga byggnader och offentliga arbeten, om kulten och statsfesterna.

Under den athenska demokratins första period, på 400-talet, stiftades lagarna i Folkförsamlingen, som också kunde fungera som högsta domstol. Efter demokratins återinförande år 403 infördes emellertid en särskild lagstiftande församling (*nomothetai*). År 355 upphörde Folkförsamlingens rätt att fungera som politisk domstol.

---

65 Hansen, M.H. (1999/1991), s. 322.

66 Detta och följande avsnitt i detta delkapitel baserar sig i huvudsak på Hansen, M.H. (1986), I, s. 30–52, 68–83.

Hur många av de manliga medborgarna som faktiskt mötte upp till Folkförsamlingens möten tycks tämligen omöjligt att precisera, men siffran 6 000 har nämnts som ett minimum. Man menar att uppemot en sjättedel eller sjundedel av de vuxna manliga medborgarna mötte upp till Folkförsamlingens möten under 400-talet. Senare, under 300-talet, tycks denna andel ha stigit till uppemot en tredjedel eller fjärdedel.[67]

Själva administrationen sköttes av det så kallade Femhundrarådet *(boule)*,[68] [69] respektive av dem som innehade vissa ämbetsposter, arkonterna *(archai*[70]*)*.

Det var Femhundrarådets uppgift att sköta den dagliga administrationen av framförallt finanserna. Det var också den som hade till uppgift att förbereda de frågor som skulle upp i Folkförsamlingen och den senare införda lagstiftande församlingen. Varje år lottades ett nytt råd fram och högst två gånger under sin livstid fick varje medborgare ingå i rådet.

Som rådets arbetsutskott tjänstgjorde, i turordning, en kommitté bestående av en tiondel av de 500 under en tiondel av året. Kommittéerna lär ha suttit i sammanträde i stort sett varje dag och under sin period ha bott i särskilda byggnader tillhörande rådet.

---

67 Hansen, M.H. (1982/1977), *Den athenske demokrati i 4. århundrade f.Kr. 1-3., Del 2, Folkeforsamlingen*, s. 19–20.

68 Kvar fanns även den så kallade Areopagen (De gamles råd), som dock mist sin tidigare politiska betydelse. Se vidare not 68.

69 Larsen (1966/1955), s. 20.

70 Arkont var namnet på de i gammal tid nio valda ledande ämbetsmännen. Det grekiska ordet för ämbetsmän var *hai archai*, som betydde 'härskarna'. En beteckning som alltså varit passande i en oligarkiskt styrd stat, där makten låg hos ämbetsmännen, utvalda bland de rika. Areopagen bestod fortfarande under demokratins period av de före detta arkonterna, men då hade dessa blivit ämbetsmän bland övriga ämbetsmän. Kvar vid denna tid stod Areopagens uppgift att vara domstol i dråpsaker, i de fall då den som dräpts var athensk medborgare. Hansen, M.H.(1986), I, s. 43, 49–50, 72.

De förslag som skulle diskuteras och beslutas initierades dock av de enskilda medborgarna. Det var till och med så att för varje förslag som lades fram skulle förslagsställarens namn anges. Det var också denne som ytterst var ansvarig för beslutet. Han kunde straffas strängt om det visade sig, antingen på förhand eller i efterhand, att beslutet var lagstridigt.

När det gäller ämbetsposterna talas det om att det i Athen fanns ända uppemot 700 olika sådana. Också till dessa utsågs medborgarna varje år genom lottning. Högst en gång under sin livstid kunde en athenare inneha ett visst ämbete. Rådsmedlemmarna och de övriga ämbetsmännen (utom strategerna) blev årligen framlottade bland de manliga medborgare som fyllt trettio år och som anmält sig som villiga. Dessa fick därefter svära en ed.

I regel arbetade ämbetsmännen i tiomannakollegier, som i stort kunde grupperas efter följande kompetensområden: de sakrala ämbetsmännen, som tillsammans med prästerna förvaltade kulten och helgedomarna, finansämbetsmännen som administrerade statens inkomster och utgifter, inspektörerna som skötte uppsynen över exempelvis torgen, de offentliga byggnaderna, vägarna, vattenförsörjningen, varven och flottan, samt justitieämbetsmännen som förberedde alla rättssaker och presiderade över folkdomstolarna vid domsförhandlingar.

Athenarna hade alltså oerhört många ämbetsmän. Principiellt var de olika ämbetsmannakollegierna likställda, men i realiteten hade Femhundrarådet, som också var ett ämbetsmannakollegium, en överordnad ställning. Dels utgjorde rådet det centrala finanskollegiet, dels hade det som uppgift att kontrollera alla de övriga ämbetsmännens ämbetsutövning. Varje medborgare kunde anmäla ämbetsförseelser till rådet, medan större saker hänfördes vidare till Folkdomstolen.

Det fanns dock en grupp av ämbetsmän som hade en alldeles särskild ställning. Det var de tio generalerna, de så kallade *strategerna.* Dessa tillsattes aldrig genom lottning, utan tillsattes genom val i Folkförsamlingen. Dessutom kunde de väljas om ett obegränsat antal gånger. Strategerna var överbefälhavare över hären och flottan och ledde alla fälttåg, men också under fredstid hade de stort inflytande. Bland annat hade de rätt att tala inför Femhundrarådet, de kunde inkalla detta råd och Folkförsamlingen till extra möten, och de representerade i regel den athenska staten när traktat skulle upprättas med andra stater.

I fredstid och i civila angelägenheter var strategerna beroende av Folkförsamlingens beslut, men som överbefälhavare hade de ändå stor makt att fatta egna beslut. Därför var det knappast förvånande att strategerna ofta kom att spela en särskilt central politisk roll. Speciellt i 400-talets Athen, där krig närmast utgjorde ett normaltillstånd. En av de mest kända strategerna var Perikles, den man som ofta rentav kommit att få personifiera den athenska demokratin.

Folkdomstolen *(dikasterion)* var, vid sidan av Folkförsamlingen, det viktigaste statsorganet i de demokratiskt styrda stadsstaterna. Sin stora politiska betydelse hade den genom sin obegränsade befogenhet att kontrollera såväl Folkförsamlingens beslut som Femhundrarådets och de olika ämbetsmännens ämbetsmannautövning. Ytterst var det folkdomstolen som vaktade att de styrande agerade i enlighet med lagen och utifrån stadsstatens bästa. Det har framgått att politiska processer utgjorde en stor del av folkdomstolens arbete.

Medlemmarna i Folkdomstolen (och även det sedermera inrättade lagstiftningskollegiet) utsågs på ett lite annorlunda sätt än rådet och ämbetsmännen. De lottades för var dag fram bland 'de edsvurna'. De edsvurna var en grupp på 6 000 personer som i sin tur också hade utsetts genom lottning. Varje år lottade man, bland alla medborgare över 30 år som anmält sig, fram en panel på 6 000 personer. Det var dessa, som efter att ha avlagt domareden, kallades 'de edsvurna'. Med en utdelad namnbricka som legitimation kunde de sedan delta i de dagliga lottningarna och bli uttagna till domare i den folkdomstol som skulle sammanträda just den aktuella dagen.

Antalet processer var så stort att det lär ha behövt tillsättas domstolar uppemot 200 av årets dagar. De som skulle ingå utsågs alltså för en dag åt gången bland de edsvurna som hade mött upp samma morgon. Hur många som behövdes berodde på ärendenas art. För privatprocesser brukade en jury på 201 eller 401 nämndemän tillsättas. Var det i stället en offentlig process kunde det röra sig om 501 och i riktigt viktiga politiska processer om ända upp till 1500 eller 2000 man. Genom de olika lottningsprocedurerna ville man dels åstadkomma en rotation, så att så många som möjligt av medborgarna kom att fungera som nämndemän, dels hindra mutförsök.

Folkdomstolens tillsättningssystem betydde också att den inte bestod av professionella jurister utan av lekmän. De domar som avkunnades kan sägas ha avkunnats av ett tvärsnitt av de manliga medborgarna. De domar som fattades betraktades som domar fattade i hela det athenska folkets namn. Någon möjlighet till överklagande fanns inte.

Grunddragen i den athenska demokratin

Ett sätt att försöka sammanfatta styresformerna under den athenska demokratins period är att konstatera att det handlade om en mycket *direkt* form av maktutövning för gruppen fria athenska män. Dessa män bestämde själva vilka frågor som skulle upp till beslut. De stiftade själva sina lagar, de verkställde själva sina beslut (inte minst när man fattat beslut om krig), de administrerade själva sin stat och dömde själva i domstolarna.[71]

Detta motsäger inte att vissa medborgare hade större möjligheter, förmåga eller önskan att ta del i det politiska livet än andra. Att vissa var betydligt mer initiativrika, talföra och aktiva

[71] Finley, M. I. (1984/1983), *Politics in the Ancient World*, s. 60–61.

än andra förefaller helt klart. Det är dessa som i historieböckerna ofta fått gå under namnet ”de athenska politikerna”.[72]

Att det var svårare för lantbefolkningens medborgare än för stadsbefolkningens att delta i det mera regelbundna styrandet verkar också mycket sannolikt. Det har dock påpekats att människornas dagliga mobilitet var mycket mer betydande än vad man ofta har antagit. Både för att många bönder bodde i staden och för att många lantbor i det spannmålsfattiga Attika ofta måste komma till marknaden för att byta sina grönsaker, sitt vin och sina oliver mot spannmål och mjöl för sitt dagliga bröd.[73]

När det gäller athenarnas faktiska möjligheter att delta i de politiska aktiviteterna fanns det ett viktigt kännemärke för just den athenska demokratin som ännu inte har nämnts, nämligen att i Athen utbetalades ersättning (*diaeter*) till dem som fullgjorde de olika politiska uppgifterna. Kring mitten av 400-talet, under Perikles tid, infördes betalning först till dem som ingick i folkdomstolarna, sedan även till medlemmarna av Femhundrarådet och till övriga ämbetsmän. Kring 390 infördes också ersättning till dem som infann sig till Folkförsamlingens möten.

Ett antal faktorer bidrog till att motverka en förskjutning av makten till en administrerande elit. Folkförsamlingen, där avgörande beslut fattades, var öppen och med lika rättigheter för samtliga vuxna manliga medborgare. I övrigt var alltså rotationsprincipen och slumpen satta i system. Rådet och övriga ämbetsposter tillsattes genom lottning.[74] De enda undantagen var strategerna och vissa finansämbetsmän, som valdes av Folkförsamlingen. Ämbetsperioderna var begränsade till ett år och det var förbjudet att inneha ett visst ämbete mer än en gång. Dessutom kontrollerades ämbetsmännen noggrant före, under

---

72 Hansen, M.H. (1986), I, s. 50–51.

73 Detta och följande avsnitt se Hansen, M.H. (1986), I, s. 29, 31, 39, 44, 48, 61, 73.

74 Se vidare Hansen, M.H. (1999/1991), s. 84.

och efter sin ämbetsutövning av Folkförsamlingen, men framförallt av Folkdomstolen.

En väsentlig aspekt av den athenska demokratins utformning var att den hindrade speciella och fristående grupper av politiker eller tjänstemän från att utkristallisera sig. Den athenska demokratin var uppbyggd så att de fria athenska männen tillsammans och direkt skulle styra och administrera sig själva.[75]

---

[75] T.ex. Finley (1984/1983), kapitlen 3 och 4.

ATHENS DEMOKRATI: FRAMVÄXT, UTVECKLING OCH UNDERGÅNG

Vi har följt hur demokrati var ett ord som för första gången dök upp i det antika Grekland, under 400-talet före vår tideräkning. Vi har också kunnat se hur det var ett ord som olika personer använde på olika sätt, beroende på vilka aspekter eller effekter av de rådande politiska förhållandena de särskilt ville framhäva. Hur de politiska styresformer som gick under namnet demokrati, var utformade har också beskrivits.

Men varför uppstod överhuvudtaget den första demokratin? Varför växte den fram just i antikens grekiska värld, varför framförallt i Athen och varför just under 400 talet före vår tideräkning? Det är om dessa frågor som detta kapitel skall handla.

Vi har redan varit inne på att när den antika demokratin växte fram skedde det utan förebilder. Det visar sig att den antika grekiska demokratin framväxt närmast tycks kunna beskrivas som resultatet av en långdragen, genom flera århundraden utdragen, anpassningsprocess. Så småningom stod man med en statsform man valde att kalla demokrati.

Vad man hade att anpassa sig till och hur man gjorde detta låter sig knappast fastställas på något enkelt entydigt sätt. Det rimliga verkar snarast vara att konstatera att det var ett antal olika händelsekedjor som hakat in i varandra.

Ur ett perspektiv tycks man kunna se på den antika demokratin som resultatet av en flerhundraårig process i vilken de grupper som från början varit mest inflytelserika hela tiden strävade efter att behålla sin makt – och lyckades. Ur ett något annorlunda perspektiv skulle man kunna uppfatta den antika demokratins framväxt som följden av en ständigt pågående fejd mellan olika inflytelserika släkter. En fejd i vilken det legat i vissa av dessa släkters intresse att släppa fram också de fattiga medborgarna till ökad makt.

Ytterligare ett sätt att se på den grekiska demokratin som förefaller rimligt är att den är resultatet av en utrikespolitisk situation, som, kombinerad med den gällande vapen- och stridstekniska utvecklingsnivån, gjorde att stadsstaten blev beroende av alltfler medborgares militära insatser, till slut även de fattiga medborgarnas. Att militära insatser skulle följas av politiskt inflytande var något som gällt ända sedan stadsstatens tidiga historia.

I denna, icke alls uttömmande, beskrivning av olika ungefär samtidiga utvecklingsprocesser, kan det vara anledning att säga något mera specifikt om Athen, den stadsstat vars demokrati vi idag vet mest om och vars demokrati allmänt tycks ha betraktats som den mest långtgående.[76] På grund av bland annat sitt geografiska läge och sina naturmässiga resurser hade det lyckats denna stadsstat att utveckla sig till en ekonomisk stormakt, något som verkar ha haft en nog så avgörande betydelse för demokratins framväxt. Detta tycks nämligen ha inneburit att alltfler medborgargrupper kunde släppas till makten, utan att detta behövde leda till mera djupgående omvälvningar av samhället eller till avgörande omfördelningar från rika till fattiga medborgare.

Polis' *uppkomst*

I mera allmänt tal används ofta ordet 'stadsstat' för att beteckna den antika samhällsform i vilken de första demokratierna så småningom kom att utvecklas. Egentligen tycks dock översättningen 'stadsstat' tämligen dåligt fånga själva kärnan i den dåtida samhällsformen. Det rörde sig varken om en avgränsad

---

76 T.ex. Hansen, M.H. (2012), s. 19, 23, 35.

stad eller om vår tids form av stat.[77] För att inte locka till alltför moderna och missvisande analogier har vissa historiker därför valt att använda sig av grekernas eget dåtida begrepp, *polis*.[78] Det blir också det begrepp jag själv oftast kommer att använda mig utav i den fortsatta texten.

Polis betydde ursprungligen borg. Människorna bodde inte utspridda i landskapet, utan gårdarna låg samlade kring en klippborg i vars hägn man kunde förskansa sig vid fientliga anfall. *Polis* behövde vara tillräckligt litet till ytan för att invånarna vid fara skulle hinna dit och sätta sig i säkerhet. Därtill fick invånarantalet inte vara större än att vattnet i bergets källor skulle räcka till vid en belägring. Man räknar med att det under antiken skall ha funnits cirka 1500 självständiga *poleis* i den grekiska världen.[79]

Polis tycks i mycket ha kunnat liknas vid en gemenskap där medborgarna hade rättigheter och skyldigheter ungefär som i en familj, en gemenskap som krävde sina medlemmars aktiva medverkan, såväl militärt, religiöst, kulturellt, ekonomiskt som politiskt. *Polis*, ur vilket ordet 'politik' uppkommit[80], var på denna tid inte något abstrakt fenomen, det var snarare en konkret livsform. Att ställa sig utanför denna gemenskap, att bara bry sig om sitt eget, var att uppföra sig individualistiskt – "idiotiskt" (av *idiotes*: individualist, privat person som ej tar del i politiken).[81]

Så hade man dock inte alltid levt i Grekland. Befolkningen hade tidigare varit uppdelad i stora kungariken, vilka styrts centralt från väldiga palats i exempelvis Knossos, Mykene och Troja, för att nämna några av de mest kända. Dessa går ofta under namnet palatsekonomier. Det ekonomiska och sociala livet reglerades och övervakades med hjälp av långt utvecklade

---

77 T.ex. Hansen, M.H. (1982/1978), 1, s. 13–18.

78 Kitto, s. 64.

79 Furuhagen, s. 28; Christiansen, s. 11; Hansen, M.H. (1999/1991), s. 55; Hansen, M.H. (2004), *Polis, den oldgræske bystatskultur*.

80 T.ex. Furuhagen, s. 28.

81 Barker, E. i *Aristotle: The Politics* (1960/1948), s. 443. Se även Christiansen, s. 12–13.

administrativa system för registrering och bokföring. De här bronsålderskulturerna har av historiker beskrivits som ytterligt avancerade och högtstående, ibland närmast urbana, och med långväga kontakter med andra kulturer.

Det fanns i dessa samhällen till och med ett utvecklat skriftspråk, något som upptäcktes via utgrävningar i Knossos och Mykene och dechiffrerandet av de så kallade Linear A- och B-stenarna. Ett skriftspråk av en helt annan karaktär än det fonetiska skriftspråk man på 800-talet övertog från fenicierna och som grekerna vidareutvecklade genom att komplettera det med vokaler.[82]

Kring år 1200 före vår tideräkning raserades dock de sista av dessa riken. Vissa historiker hävdar att de indoeuropeiska doriska stammarnas invandring skulle ha spelat en stor eller avgörande roll.[83] Andra vill däremot, på grundval av senare gjorda utgrävningar, snarare framhäva betydelsen av en allmän klimatförsämring. Mycket tyder nämligen på försämrade betesförhållanden och missväxt.[84] I alla händelser tycks man kunna konstatera att de grekiska bronsålderkulturerna, omkring 1200 före vår tideräkning, gick i graven tillsammans med cirka en tredjedel av sin befolkning. Ofta talas det om att ett ”mörker” i uppemot fem århundraden därefter sänkte sig över grekernas värld.[85]

I de bygder som inte övergavs under de svåra tider som följde, var människorna utlämnade till att klara sig själva. De små, från varandra isolerade boplatser som växte fram, i vilka man alltså levde samman för att skydda sig, kom att utgöra upphovet till de *poleis* som sedermera kom att bilda ramarna för historiens första demokratier.[86]

---

82 Vernant, J-P. *The Origins of Greek Thought* (1982/1962), s. 37; Furuhagen, s. 46.

83 T.ex. Kitto, s. 24; Vernant (1982/62), s. 10.

84 T.ex. Furuhagen, s. 26–27.

85 Detta är också en period för vilken det saknas skriftliga källor. Ibid, s. 27.

86 Ibid, s. 27.

Stamsamhällets övergång till polis *och ökade sociala klyftor*

Från tidigare hade grekerna levt uppdelade i olika stammar och klaner. Var och en av stammarna och klanerna hade haft sina egna regler och påbud, kulter och tabun som familjerna och individerna hade att rätta sig efter. Så fortsatte det också i *polis*, även om "den nya tiden" innebar en mer komplicerad bild. Familjer ur olika klaner hade hamnat i samma *polis*, och dessutom kunde en klan i *polis*, genom gemensam stamtillhörighet, vara förbunden med en klan på annat håll.

Också i *polis* gällde de olika släkternas makt.[87] Familjernas och individernas liv präglades i hög grad av de regler som rådde inom den klan man tillhörde. Rättsskipningen var exempelvis länge en av de angelägenheter som varje klan och stam skötte inom sig på sitt eget sätt. Betraktat ur ett längre perspektiv innebar emellertid uppkomsten av *polis* en uppluckring av stamsamhället.

Detta låg så att säga i sakens natur. Själva det faktum att man bodde i en och samma *polis* innebar redan från början att man hade ett intresse gemensamt över klangränserna, nämligen intresset av att kunna försvara sig mot yttre fiender. De spänningar som denna intressegemenskap kunde ge upphov till, spänningar mellan den gamla lojaliteten till släkten och den nya lojaliteten till *polis*, kom att sätta sin prägel på mycket av det som tilldrog sig under de följande århundradena.

I *polis* blev det klanernas hövdingar (*basileis*), som styrde. Dessa bildade tillsammans De äldstes råd, kallat Areopagen efter den klippa, Ares, där de höll sina möten. De frågor som detta råd till en början framförallt behandlade gällde just säkerhet, försvar och krig. De äldstes råd fattade besluten – men för att besluten skulle kunna genomföras krävdes också att *demos*, det vill säga samtliga de vapenföra männen, tillsammans hade givit sitt stöd. Här finner vi något som skulle komma att sätta sin prägel på den

---

87 Ibid, s. 28–30.

fortsatta utvecklingen, nämligen det täta sambandet mellan militära insatser och politiskt inflytande.

I *polis* existerande ingen stående eller fristående här. Det var de manliga medborgarna själva som drog ut i strid och som också, var och en, bekostade sin egen utrustning. Krigstjänsten var inte ett tvång eller en skyldighet som individen hade gentemot *polis*. *Polis* hade ju uppstått som en försvarsgemenskap och därför var det de vapenföra männen själva som utgjorde *polis*. Häri låg grunden för att man också delade de politiska rättigheterna och skyldigheterna. Det var de egna insatserna, med egna vapen, som berättigade dem att med sin röst delta i styrandet av *polis*.[88] Ju större insatser för att försvara eller i krigståg berika *polis*, ju större politisk makt.

När man hunnit till 700-talet före vår tideräkning tycks klimatet och därmed levnadsbetingelserna ha förbättrats. De landsbygder som tidigare övergivits, återbefolkades. Snart räckte nyodlingar inte till för den ökande befolkningen. Befolkningstillväxten ledde till strider mellan de olika *poleis*. Emigration blev ofta säkerhetsventilen. Regelbundna sjöförbindelser hade redan hunnit utvecklas, åt såväl öst som väst, och utvandring tycks ha betraktats som en tämligen naturlig utväg, en utveckling som i sin tur ledde till grundandet av en mängd grekiska dotterstäder runt Medelhavets kuster.[89]

Med utvecklingen följde också ökade klyftor mellan rika och fattiga. Såväl nybyggen som utvandring krävde resurser. Fattiga småbönder tvingades sätta sig i skuld hos de förmögna, vilka i stället kunde öka sina tillgångar. Det var också de senare som gynnades av den ökade sjöfart och handel som följde på utvandringarna.[90] När behovet av spannmål ändå alltmer måste tillgodoses genom import, övergick bönderna till att specialisera sig på vin och olivodlingar för export. Sådana odlingar, vars

88 Ibid, s. 193.
89 Ibid, s. 38–39.
90 Ibid, s. 76–77.

produkter handeln skapat allt större avsättningsmöjligheter för, var dock kostsamma företag. De krävde många års uppoffringar innan de kunde bära sig. För dem som inte besatt tillräcklig förmögenhet var hotet att tvingas till skuldsättning stort och därmed också risken att förlora sin frihet i gäldslaveri.[91] För städernas del innebar utvecklingen möjligheter för hantverkare att exportera och städerna själva fick inkomster genom såväl tull- och hamnavgifter, som genom frakter, konvojer och sjöröveri.

Alltfler småbönder kom genom skuldsättning i beroendeställning till storbönder och hövdingar. En överklass kom att avskilja sig, en så kallad adelsklass (*aristoi* de bästa), som ställde anspråk på makt. Det kom till klara motsättningar mellan de förmögna *aristoi* och de fattiga *demos*, vilket ofta innebar motsättningar mellan de som var inriktade på de egna gårdarnas ekonomi och de som mera hade intresse av att stödja det gemensamma *polis*.[92]

En bild av denna tid, med ökade rikedomar för adel och storbönder och en samtidig utarmning av småbönderna, ger oss de två diktarna Homeros och Hesiodes.[93] Hos Homeros[94] möter vi aristokraternas värld. En stabil, harmonisk tillvaro med överflöd på tjänstefolk, hästar, mat och dryck och dyrbarheter hemförda från Mellanöstern. Ära och status var centrala värden och de eftersträvades och sattes på spel i både tävlingar och krigståg. I denna värld såg man på *basileis*, klanhövdingarna, i De äldstes råd som självklart överlägsna *demos* i Folkförsamlingen.

Tidigare trodde man att Homeros dikter handlade om den mykenska bronsålderstiden. Numera tycks historikerna mena att de i stället handlar om förhållandena på Homeros egen tid, 700-

---

91 Christiansen, s. 21.

92 Furuhagen, s. 40–41.

93 Ibid, s. 40–42, 57–58.

94 T.ex. Finley, M. I. (1986/1954), *The World of Odysseus*; Furuhagen, s. 48, 52; Palme, M., Svenbro, J. (1976), ”Att kolonialisera antiken. Ett samtal om en avhandling.”, *Bonniers Litterära Magasin.*

talet, men som han med diktarens frihet överflyttat till den tidigare "heroiska" tidsåldern.

Diktaren Hesiodes låter oss möta en annan värld, de enkla böndernas. Det var de som utgjorde den stora gruppen *demos* och som måste föra en daglig kamp för sin överlevnad, en kamp som inte bara innebar hårt arbete utan också ett ständigt försvar av hem och ägodelar gentemot adelsfamiljernas räder och rofferi.

De fattiga medborgarnas försörjning var dock inte bara en fråga som var livsviktig för dem själva. Också för storbönderna och klanhövdingarna kunde den bli avgörande, också mot dessas existens utgjorde den ett potentiellt hot. Med den tidens handvapen skulle de inte kunna klara sig mot en uppretad folkmassa. Därför måste de försöka styra de fattigas aggressioner åt annat håll, bort från dem själva. Det låg i de förmögnas intresse att ordna för de fattigas försörjning. Såväl utvandring för de fattiga som plundringståg och piratöverfall ingick bland deras strategier för att klara detta.[95]

Det rådde dock inte bara spänningar mellan rika och fattiga. Också olika adelssläkter stod ofta i motsättning till varandra. Motsättningarna mellan *aristoi* och *demos*, mellan rik och fattig, komplicerades genom de motsättningar som rådde inom *aristoi* själva. I de olika adelssläkternas inbördes kamper hände det inte sällan att man, inför beslut som skulle fattas vid Folkförsamlingens möten, på olika sätt försökte vinna över *demos* till stöd för den egna släktens sak.

En samhällsomvandling var alltså på gång, en förskjutning från den gamla agrara hushållningen till en ekonomisk ordning baserad på varuproduktion, köpenskap och sjöfart. Många accepterade inte längre adelns sätt att genom skoningslösa vendettor skipa rättvisa sig emellan. Inte heller accepterade man deras överdådiga lyx eller deras sätt att skinna fattiga småbönder på deras sista ägodelar och bringa dem i gäldslaveri.[96]

---

95 Furuhagen, s. 91–92.
96 Ibid, s. 105–107.

Det behövdes nya förhållningssätt. På många håll försökte man finna någon ordning som skulle kunna komma tillrätta med de värsta motsättningarna. I stort tycks det då ha handlat om att försöka ersätta den gamla stamorganisationen med en ordning som bättre passade det nya liv som kommit att utvecklas i *polis*. Resultatet blev naturligtvis olikartat i olika stadsstater, allt efter deras olika lokala förutsättningar. Gemensamt tycks emellertid ha varit att den gamla stamorganisationen allt eftersom kom att förlora i politisk betydelse.

Det kan vara intressant att här notera att detta, nämligen att det i de olika *poleis* kom att utvecklas olikartade styresformer, ofta framhålls som en trolig bidragande orsak till grekernas unika filosofiska tänkande kring olika författningsformer och deras konsekvenser.[97] Men mer om detta i följande kapitel om grekernas idévärld, och om filosofen Aristoteles.

Utvecklingen i Athen

De olika stegen i de olika *poleis'* fortsatta utveckling känner vi bäst till från Athen och Sparta, Greklands två mäktigaste stater.[98] Det blir Athens utveckling vi här kommer att följa, eftersom det var där de politiska lösningarna stegvis resulterade i den statsform som kom att gå till historien under namnet demokrati.[99]

I Athen lär den sociala omvandlingsprocessen till en början inte ha varit lika snabb som på många andra håll. I Attikaområdet hade man, eftersom där funnits tillräckligt med odlingsbar mark, länge kunnat klara 700-talets befolkningsökning genom nyodlingar. Därmed hamnade man för en tid utanför den explosionsartade utveckling inom sjöfarten som på många andra håll varit en följd av de omfattande utvandringarna. Men bero-

---

97 T.ex. Christiansen, s 23.
98 Furuhagen, s. 107.
99 T.ex. Finley (1996/1985/1973), s. 14.

endet och skuldsättningen till storbönder och klanhövdingar hade småbönderna inte sluppit ifrån. Nyodlingar hade de unga inte heller där kunnat klara utan att tvingas låna ihop till utsäde och dragdjur. Detta betydde att klanernas hövdingar, om än de inte ägde all jord, var de som styrde. För småbönderna, som skulle återgälda sina skulder, handlade det inte bara om att återbetala med varor, dagsverken och vapentjänst, det handlade väl så ofta om att behöva betala med sitt politiska stöd vid Folkförsamlingens möten.[100]

I Athen, liksom på annat håll, hade gamla förmögna adelssläkter kommit att dominera militärt, ekonomiskt, juridiskt och politiskt. Samtidigt hade emellertid de ökade handelsmöjligheterna skapat en situation där köpmän och hantverkare börjat spela en allt större roll. Detta ledde i sin tur till att de ställde krav på ökade politiska rättigheter. De krävde också rättsäkerhet, med nedskrivna lagar, som skydd mot de gamla släkternas godtycke. Styrkan som dessa gruppers krav fick tycks ha hängt samman med de nya villkoren för krigföring.

En ny krigstaktik, med tungt beväpnat infanteri (hopliter), kom nu att spela den stora rollen i strid. Detta bidrog till en förskjutning av maktbalansen inom *polis*. Utrustningen för infanteriet var nämligen inte lika kostbar som för det tidigare så avgörande rytteriet. Därför blev det inte längre bara medlemmar ur adelssläkterna som hade råd att bekosta sin utrustning. Den nya beväpningen kunde bekostas av såväl städernas köpmän och hantverkare som av medelförmögna bönder. Detta innebar ett dilemma för det gamla makthavande skiktet. Valde man att inte använda sig av dessa grupper i krigen skulle det betyda nederlag. Men att foga in dem i medborgarhären innebar att också ge dem ökad del i de politiska rättigheterna.[101]

De ekonomiska och sociala spänningarna tog sig, som nämnts, olika förlopp på olika håll i Greklands olika *poleis*, och de

---

100 Furuhagen, s. 116–117.
101 Christiansen, s. 20–21.

politiska lösningarna varierade. Ofta tycks emellertid någon eller några personer ha tillsatts för att skriva ned rådande rättsregler, som ett försök att därmed förhindra godtycklighet. Släkternas hittillsvarande rättskipningsprivilegier avskaffades. På många håll utökades kretsen av de styrande, ibland försiktigt, ibland mera radikalt.

För Athens del finns exempel på såväl tillsatta lagskrivare som på adelsmän som i tider av oro lyckades göra sig själva till enväldiga tyranner. Omkring år 620 tillsattes Drakon, som ”med blod” nedskrev rättsreglerna. Man åsyftar då att han skall ha kodifierat de stränga bestämmelserna om att med döden bestraffa också de minsta tjuverier samt att slaveri skulle bli straffet för dem som inte kunde återgälda sina skulder.[102] Men Drakon tillskrivs också att ha kommit tillrätta med de skoningslösa vendettor som varit klanernas sätt att skipa rättvisa vid mord och dråp. Domstolar upprättades och det blev i fortsättningen inte längre släkternas, utan *polis'* sak att vara rättsskipande instans.[103]

Lagstiftaren Solons reformer och övergången från börd till förmögenhet

Men oron höll i sig, såväl inne i själva staden Athen som på landsbygden. De som stod utanför adeln, det vill lantarbetare, bönder, hantverkare och köpmän, var missnöjda. Resultatet blev både inbördeskrig och försök till tyrannvälde innan Solon, medlem av den adel som försörjde sig som köpmän, kring år 580 gavs uppdraget att medla mellan de stridande parterna och utarbeta en ny lagstiftning.[104]

---

102 Ibid, s. 26.
103 Furuhagen, s. 119.
104 Christiansen, s. 27.

Solon kom sedermera att räknas till en av Greklands sju vise män.[105] För eftervärlden har det dock varit svårt att mera exakt klargöra det faktiska innehållet i hans lagstiftning.[106] Under de följande århundradena kom Solon nämligen att åtskilliga gånger användas som ett legitimerande namn av dem som önskade ändringar i sin egen tid. Lagförslag ansågs ofta få en extra styrka om de kunde sägas stå i överensstämmelse med gammal hävdvunnen sed, om de överensstämde med "förfädernas författning". Solon skulle därför med sitt namn komma att få rättfärdiga ömsom demokratiska, ömsom antidemokratiska tendenser.[107]

Allmänt kan emellertid om Solons tid och hans reformer sägas att de var ett uttryck för en pågående omvandling från självhushåll till ett merkantilt samhälle.[108] I detta sammanhang innebar Solons lagstiftning ett angrepp på den gamla släktorganisationen och dess maktmonopol. Från att endast ha legat hos den gamla lantadeln försköts maktbefogenheterna till att också ligga hos utvecklingens nya grupper.

Reformerna gick också ut på att stilla den värsta oron bland de fattiga och egendomslösa, det vill säga bland dem som mer eller mindre ständigt stod i skuld och därmed också inför hotet att förslavas.

Solons åtgärder genomfördes således i en tid av starka sociala motsättningar. Motsättningar som än mer förstärktes av den utpräglade lyx i vilken de förmögna aristokratiska släkterna levde. Sina stora förmögenheter hade dessa uppnått genom att koncentrera sin produktion på vin och olivolja för export och sin expropriering av skuldsatta småbönders egendomar. Sin över-

---

105 T.ex. Furuhagen, s. 162–163.

106 För ett mera detaljerat resonemang om vad som verkligen kan tillskrivas Solon, se exempelvis Tarkiainen, s. 70–84.

107 Furuhagen, s. 120–121; Tarkiainen, s. 84.

108 Furuhagen, s. 124.

dådiga livsstil hade de lärt sig genom sina resor och sina kontakter med den orientaliska världen.[109]

Solons reformer handlade om att medla mellan olika grupper. Dittills hade familjerna av börd, det vill säga de som vårdade de religiösa kulterna och som på grund av sina tillgångar stått för huvuddelen av de militära insatserna, varit de politiskt styrande och de som skipat rättvisa. Med framväxten av nya grupper och de hotande spänningarna blev det nödvändigt att införa en ordning som kunde förlika olika grupper med varandra och få *polis* att fungera som en enhet.[110] Det är i detta ljus vi kan förstå den införda övergången från börd till förmögenhet som grund för militära skyldigheter och politiska rättigheter som nu sker.

En av huvudpunkterna i Solons reformer var att avskaffa gäldslaveri. Småböndernas skulder till storbönder och klanhövdingar avskrevs. Det blev i fortsättningen förbjudet att sätta sin person som säkerhet för lån. Reformen hade retroaktiv verkan, vilket ledde till att antalet fria bönder kraftigt ökade. Det bör dock kanske tilläggas att gäldslaveriets avskaffande inte var detsamma som småböndernas oberoende. Kvar stod att en hjälpbehövande kunde tvingas bistå sin välgörare med såväl militära tjänster som politisk lojalitet.[111]

Till Solons ekonomiska regleringar räknas bland annat förbudet mot att exportera spannmål, olika åtgärder för att främja handel och hantverk, ett nytt mått- och viktsystem och förbudet mot överklassens utmanande lyxliv. Den andra huvudpunkten bland Solons reformer var dock de åtgärder som riktade sig mera direkt mot adelssläkternas dittillsvarande politiska monopol.

Visserligen var det Folkförsamlingen som utgjorde den högsta beslutande instansen i Athen, men initiativrätten låg hos Areopagen. Som tidigare nämnts hade detta råd ursprungligen bestått av släkternas överhuvuden, men hade övergått till att

---

109 Vernant, s. 72.

110 Ibid, kap. 5 och 6.

111 Christiansen, s. 27; Furuhagen, (1982) s. 121.

utgöras av avgående arkonter, ledande ämbetsmän rekryterade ur adelsfamiljerna.[112] Så länge arkonternas uppgifter framförallt varit religiösa hade detta uppfattats som naturligt, eftersom det var adelssläkterna som vårdade de gamla kultbruken. Men när deras uppgift alltmer blivit att styra själva *polis*, accepterades inte adelns ensamrätt till arkontämbetena längre som självklar. Grupper som inte tillhörde bördsaristokratins släkter, men som besatt stora förmögenheter och därför hade motsvarande militära förpliktelser, krävde rätt till inflytande. De krävde tillträde till arkontämbetena och därmed också rådet, Areopagen.[113]

Solons sätt att försöka lösa de rådande motsättningarna blev att stadfästa en ny indelning av de athenska medborgarna som inte längre baserade sig på börd, utan på förmögenhet. Denna ordning kom att befästa oligarkin, det vill säga de rikas makt, i Athen.[114] Med Aristoteles ord befäste Solon oligarkin genom att avskaffa dess mest extrema former.[115] Medborgarna delades in i fyra förmögenhetsklasser, och utifrån denna uppdelning fördelades sedan de militära förpliktelserna och det politiska inflytandet.

Enligt Solons nya medborgarindelning skulle de tre översta förmögenhetsklasserna stå för de militära kostnaderna. De första två klasserna skulle både bekosta och själva utgöra rytteriet. De skulle även bekosta flottans fartyg. Den tredje klassen skulle

---

112 Arkontkollegiet hade från någon gång under perioden 750–650 bestått av tre årligt valda ämbetsmän. Den ene hade haft hand om de militära uppgifterna, den andre de civila och den tredje de religiösa uppgifterna. Kring år 650 utvidgades kollegiet med sex laggivare. Detta sammanhängde troligen med den sociala oron och de därmed sammanhängande kraven på att gällande rättsregler skulle nedtecknas. Christiansen, s. 26.

113 Furuhagen, s. 122; Tarkiainen, s. 70.

114 Mera exakt borde man nog säga att Solon befäste en timokratisk ordning i Athen, det vill säga en ordning där förmögenheten blev avgörande för fördelningen av såväl rättigheter som skyldigheter. Begreppet oligarki, som ändå blivit det begrepp som brukar användas, betyder egentligen fåtalsvälde.

115 Tarkiainen, s. 83.

bekosta och utgöra det tunga infanteriet. Den fjärde klassen slutligen, theterna, det vill säga de fattiga och egendomslösa medborgarna, skulle som roddare bemanna flottans fartyg.[116]

Också det politiska inflytandet graderades enligt den nya ordningen. Blott medlemmar ur de två första klasserna blev behöriga att väljas till de viktigaste ämbetena och därmed, efter uträttat värv, berättigade till livslångt säte i Areopagen. De övriga ämbetsposterna stod öppna för medlemmarna ur den tredje klassen. Theterna däremot hade fortfarande endast tillträde till Folkförsamlingen. Denna folkförsamling gjordes nu till lagstiftande organ och det blev också i den som ämbetsmännen valdes. Därtill konstituerades den också som folkdomstol.[117]

Trots dessa omfattande försök att åstadkomma en kompromiss mellan olika gruppers intressen fortsatte missnöjet. De stora jordägarna önskade upphäva Solons reformer. De små jordägarna ville i stället gå längre, de ville ha en omfördelning av jorden. De som var nöjda och önskade bevara den nya ordningen var hantverkarna och köpmännen.

Här kan det vara anledning att göra en kortare utvikning och säga något mer om de olika intressegrupperingar som vuxit fram. Kärnan i dessa grupperingar utgjordes av en eller flera släkter, släkter som på grund av likartade levnadsomständigheter hade gemensamma intressen att driva eller försvara. Ofta talar man om tre sådana grupper.[118]

Den första bestod av slättens folk (*pedieis*). I denna ingick den gamla lantadeln, den som tidigare haft monopol på makten och som nu önskade Solons reformer upphävda. Den andra gruppen, de från kusten (*paralioi*), bestod både av dem som bedrev fiske, sjöfart, handel och hantverk och av fria bönder. Ibland räknas alla Solons anhängare till denna grupp. Den tredje gruppen kallades bergens folk (*hyperakrioi*), eller de som bodde bortom

116 Christiansen, s. 28; Furuhagen, s. 124.
117 Christiansen, s. 28–29; Tarkiainen, s. 76.
118 Ibid, s. 85–86; Vernant, s. 99.

bergen. Till den hörde de egendomslösa theterna, de som var fientligt inställda till de förmögna och som funnit Solons reformer otillräckliga och i stället önskade en omfördelning av jorden.

Politiskt var dessa grupperingar därför intresserade av skilda styresformer. Den första brukar sammankopplas med oligarki, den andra med en mer måttfull och blandad författningsform och den tredje med mera "demostillvända" former.

Tyrannen Peisistratos och förbättringar för de fattiga

Spänningarna mellan de olika grupperna resulterade så småningom i att Peisistratos, med hjälp av en armé av legosoldater, år 546 lyckades ta sig makten. Solons reformer hade varit till störst ekonomisk fördel för alkmeoniderna, den klan som härskade i Athen och längs sydkusten. Att den starkaste oppositionen kom från lantadeln var knappast förvånande. Det var ur denna som Peisistratos stammade. Resultatet av hans maktövertagande blev att alkmeoniderna tvingades i landsflykt.

Peisistratos kunde utöva sin makt utan att sätta sig över de rådande politiska formerna. Han stöddes av en majoritet i rådet, och det var han själv och medlemmar ur hans familj som besatte arkontämbetena. Stöd fick han dock också från de egendomslösa och de små jordägarna "bortom bergen", som genom Peisistratos kunde få sina intressen representerade.[119]

Utan att behöva tillgripa någon allmän jordreform lyckades det Peisistratos att tillfredsställa de fattiga medborgarnas krav. Genom att upprätta kolonier kunde han ge jord åt de jordlösa. Han tilldelade dem också av den jord som motståndare till honom lämnat efter sig. Detta var en unik händelse, en sådan omfördelning av jorden inom det egna *polis'* gränser kom inte att upprepas.[120] Genom att sedan införa billiga lån ur *polis'* egen

---

119 Christiansen, s. 29; Furuhagen, s. 122–124.
120 Vlastos, s. 353–354.

kassa minskade han också de fattigas beroende av de förmögna jordägarna. Vidare satte han de förmögna adelssläkternas ärftliga domsrätt ur spel och förbättrade rättssäkerheten för småbönder och lantarbetare genom införandet av omkringresande domare.[121]

Athen började under Peisistratos tid sin utveckling till internationellt maktcentrum. Det blev en gynnsam tid för handel och hantverk, sjöfart och lantbruk. Det talas om en höjning av välståndet som också sträckte sig till de fattigaste skikten.[122] Genom att hålla en tyrann vid makten fick de fattiga medborgarna en chans att göra sina intressen gällande.

Kleisthenes och en balansering och spridning av den politiska makten

Efter att i nästa generation ha utvecklats till en terrorregim störtades tyrannväldet. Makten återgick till arkonterna, Areopagen och Folkförsamlingen. Alkmeoniderna återkom från sin landsflykt. Fejderna mellan de mäktigaste adelssläkterna blossade upp på nytt. Men nu hade ett nytt hot tillstött. Det kom utifrån, från perserna.

En första känning av persernas framryckningar fick Athen genom mängden av invandrare och flyktingar från Jonien, de grekiska områdena längs Mindre Asiens västkust. Den ökade befolkningen ledde till försörjningsproblem, samtidigt som den förändrade den politiska situationen. Den nya befolkningssituationen drev nämligen fram frågan om vilka som skulle räknas som medborgare. Vilka skulle i fortsättningen ha rätten att yttra sig och rösta i Folkförsamlingen?

Tidigare hade de ledande släkterna vetat vilka som var deras anförvanter eller ekonomiskt beroende anhängare. Nu hade situationen förändrats. Adelsfamiljerna hade inte längre kontroll

---

121 Christiansen, s. 29; Finley (1984/1983), s. 46–47.

122 Tarkiainen, s. 89.

över invånarna i athenarnas *polis*. Eftersom rösträtten i Folkförsamlingen inte var klart definierad, på annat sätt än att militära insatser och deltagande i Folkförsamlingen av hävd följdes åt, kunde invandrarnas och flyktingarnas inflytande där bli betydande. Dessa grupper, som ju gjorde insatser i såväl det ekonomiska livet som i försvaret av Athen, stod utanför det gamla klansystemets beroendeförhållanden. De joniska flyktingarna stod utanför de politiska lojalitetsbanden och kunde låta sina egna intressen fälla avgörandet. Framförallt var det deras rädsla för perserna som då blev avgörande.[123]

Det låg därför i lantadelns intresse att begränsa medborgarrätten till män födda av athenska föräldrar. Mot detta stod emellertid ett radikalt förslag framfört av Kleisthenes, överhuvud för alkmeoniderna, alltså den släkt som särskilt gynnats av den ekonomiska utvecklingen. I den fejd mellan adelssläkter som blossat upp efter tyranniets fall, tillhörde han dem som kämpade för bevarandet av Solons reformer. Enligt Kleisthenes radikala förslag skulle alla vid denna tidpunkt i Athen boende fria män, registreras som athenska medborgare. Hans förslag kom att avgå med segern.[124]

Genom den nya reformen hade en stor grupp fått Kleisthenes att tacka för sina medborgerliga rättigheter. Denna grupp delade hans släkts ekonomiska intressen och samtidigt stod den utanför de gamla lantadelssläkternas beroendesfär. Kleisthenes hade med andra ord fått in en grupp medlemmar i Folkförsamlingen vars politiska stöd han kunde förvänta sig.[125]

Någon uttalad och principiell önskan om att utöka *demos'* makt lär Kleisthenes inte ha haft, men för sin makt behövde han bundsförvanter.[126] Återigen kunde *demos* göra sina intressen gällande genom att ge sitt politiska stöd till en av de

---

123 Furuhagen, s. 188–191.
124 Ibid, s. 189; Tarkiainen, s. 92.
125 Ibid, s. 97.
126 Ibid, s. 92.

konkurrerande adelssläkternas representanter. Denna gång skulle det bli med en maktutökande reform i utbyte.

De reformer Kleisthenes kom att genomföra, under åren från 510, utgjorde ytterligare ett betydelsefullt steg bort från släktskapsorganiseringen av *polis*, där medborgarna och deras familjer varit underordnade klanerna och deras hövdingar.[127] Redan tidigare, med Solons reformer, hade ju ett steg tagits för att författningsmässigt luckra upp detta system. De mest extrema beroendeförhållandena hade förbjudits genom gäldslaveriets avskaffande. Och förmögenhet hade, som grund för politiskt inflytande, gjort intrång på bekostnad av börd. Med Kleisthenes reformer kom ytterligare skott att riktas mot klanhövdingarnas makt och de gamla lojalitetsbanden.[128]

Nu kom medborgarna i Athen att indelas efter var de bodde. Och på denna indelning kom den politiska organisationen i fortsättningen att basera sig.

Athenarna skulle mantalsskrivas i den *deme*, det vill säga lokalkommun, i vilken de var bosatta. I denna mantalsskrivning inbegreps nu samtliga i Athen boende vuxna fria män, det vill säga både män ur de gamla athenska familjerna och män ur de nya invandrade familjerna. Därefter skulle medborgarrätten gå i arv. De som i fortsättningen invandrade till stadsstaten Athen, metoikerna, blev aldrig (utom i vissa enstaka undantagsfall) medborgare.

Demetillhörigheten kom i fortsättningen att gå i arv från far till son. En son kom således, oavsett sin egen bosättningsort, att överta sin fars demetillhörighet.[129]

Demerna, åtminstone 140 stycken i hela Attika, skulle alla ha en viss lokal självförvaltning. Det skulle bli dessa demers uppgift att utse delegater till de överordnade enheter varpå Athens

---

127 Se även Hansen, M.H. (1986), I, s. 68 ff.

128 Furuhagen, s. 191.

129 T.ex. Tarkiainen, s. 95.

gemensamma politiska förvaltning och militära organisation skulle komma att vila.[130]

Den politiska strukturen baserades på en indelning av Athen/Attika i tre regionstyper: kusten, slätten och bergen.[131] Var och en av dessa delades sedan in i tio distrikt, trittyer. Ett distrikt från vardera regionstyp slogs samman, troligen genom lottning, till en enhet, varmed tio fyler bildades. Den nya enheten fick överta den gamla beteckningen för stam, det vill säga *fyle*. Varje fyle kom därmed att bestå av medborgare från samtliga tre regiontyper. Kustens moderata hantverkare, köpmän, sjöfarare och bönder kom att blandas med slättens konservativa lantadel och bergens radikala fattiga och egendomslösa.[132]

Man har antagit att Kleisthenes reformer var ett försök att balansera olika adelssläkters olika intressen mot varandra, det vill säga att genom en geografisk uppstyckning bryta de politiska beroendeband som ofta utvecklats mellan förmögna släkt- och klanöverhuvuden och den fattiga befolkning som bodde i deras närmaste omgivning.[133]

Fylerna kom att utgöra grundvalen för nyordningar i både *polis'* politiska och militära struktur. Det skulle bli fylernas sak att utse medlemmarna av det nya medborgarråd, Femhundrarådet, som nu infördes. Dessutom blev det varje fyles angelägenhet att sätta upp ett regemente med tungt beväpnade fotsoldater (hopliter) och att utse anförarna (strategerna) för dessa. Uppgiften att utse strategerna fördes dock kring år 500 över på Folkförsamlingen.[134]

I var och en av de tio fylerna skulle varje år femtio medborgare lottas fram för att ingå i det nya Femhundrarådet.

---

130 Furuhagen, s. 192.

131 Forrest talar dock om en något annorlunda indelning, nämligen urbana, kust– och inlandsregioner. Forrest (1966), *The Emergence of Greek Democracy*, s. 196.

132 Ibid, s. 194; Furuhagen, s. 191–192.

133 T.ex. Finley (1984/1983), kap. 2, speciellt s. 44–48.

134 Tarkiainen, s. 103.

Endast ett år och en gång under sin livstid fick en medborgare ingå i rådet. Under året turades de olika fylernas delegationer om att vara i tjänst, vardera av dem tjänstgjorde sålunda under en tiondel av året. Att rådets medlemmar lottades fram var en nyordning. Det dittillsvarande politiska rådet, Areopagen, hade ju bestått av före detta ämbetsmän, vilka i sin tur hade utsetts genom val bland medlemmarna i de två högsta förmögenhetsklasserna.[135]

Själva lottningsförfarandet i sig var dock inte något nytt fenomen. Redan tidigare hade detta använts som metod att vissa utse personer till offentliga ämbeten. Man lär ha betraktat lottens utslag som uttrycket för högre makters vilja. Längre fram i tiden skulle lottning komma att betraktas, bland andra av Aristoteles, som det demokratiska sättet att utse personer till olika politiska uppgifter. Under Kleisthenes tid lär lottningsmetoden dock mest ha varit praktiskt betingad och ingen "demokratisk uppfinning".[136]

Uppgifterna för det nya rådet var starkt sammanlänkade med Folkförsamlingens. Förutom att övervaka *polis'* finansiella hushållning, att förse ämbetsmännen med instruktioner och övervaka deras verksamhet och att föra förhandlingarna med främmande länder, var det rådets uppgift att förbereda de frågor som skulle behandlas av Folkförsamlingen. I praktiken tycks Folkförsamlingen under denna tid snarast ha gått i rådets ledband.

Folkförsamlingen hade närmast att svara ja eller nej på de förslag som lades fram av rådet. Det skedde dock nu gentemot ett råd som valts och lottats fram ur hela folket, inte som tidigare gentemot den bland aristokratin utvalda Areopagen.[137]

Något som emellertid ej ändrades var valet av och befogenheterna för ämbetsmännen. Här fortsatte förmögenhetsvillkoren

---

[135] Furuhagen, s. 192.
[136] Tarkiainen, s. 99–100.
[137] Ibid, s. 102–103; se även not 68 i föregående kapitel.

från Solons tid att gälla, vilket gjorde att viktiga ämbetsuppgifter låg kvar hos de jordägande medborgarna ur de två första förmögenhetsklasserna.

Kleisthenes reformer innebar ändå väsentliga maktförskjutningar. *Demos'* inflytande utvidgades, framförallt på de aristokratiska ledarnas bekostnad. Åtgärderna för att åstadkomma detta synes i hög grad ha varit betingade av Kleisthenes egen kamp om inflytande för sig och sin familj. Exempelvis tycks det faktiska utfallet av den nya geografiskt baserade politiska strukturen tyda på att hans aristokratiska rivaler förlorat i betydelse, medan hans egen släkt alkmeoniderna både kunnat behålla och förstärka sina egna möjligheter till inflytande.[138]

Den utveckling som skedde stod i samklang med staden Athens utveckling till ekonomiskt centrum.[139] Ibland hör man likheterna påtalas härvidlag mellan den politik som nu drevs av Kleisthenes och den som tidigare drivits av Peisistratos.[140] Den senare har fått gå till historien som tyrann, medan Kleisthenes i stället ofta nämns som en av den athenska demokratiutvecklingens mest betydelsefulla pådrivare.

Vad som åstadkommits var en ordning där den politiska makten fördelats lika mellan de tio fyler vari medborgarna nu delats in och att dessa fyler i sin tur organiserats på sådant sätt att det skulle leda till en sammansmältning, eller åtminstone balansering, av olika gruppers intressen. Det var en politisk ordning som strävade efter att ena medborgarna i *polis*. Genom att dela in det administrativa året för rådet i tio perioder, fick vardera fyle styra under lika lång tid. Makten förskjuts nedåt från toppen av den medborgerliga hierarkin. Härska och lyda var inte varandras absoluta motsatser. Man hade åstadkommit en situation som mera karakteriserades av att alla manliga med-

---

138 Forrest, s. 197–200; Dunn, J. (1992), *Democracy: The unfinished journey, 508 BC to AD 1993*, s. 240.

139 Furuhagen, s. 191.

140 Tarkiainen, s. 110.

borgare ömsom kunde vara med och härska, ömsom vara med och lyda.[141]

Kleisthenes reformer fick inte bara betydelse för Athens fortsatta utveckling till stormakt och demokrati genom att omstrukturera den formella politiska strukturen. Av betydelse i sammanhanget var att den nya medborgarreformen också innebar en mer systematisk organisering av det militära systemet.[142] Den innebar, som redan nämnts, att det blev de nya fylernas ansvar att ställa upp den militära fotstyrkan och dess härförare. I Athens utveckling, inte bara till stormakt utan också till demokrati, kommer den militära förmågan att spela en ytterst viktig roll.

Med sina författningsåtgärder har Kleisthenes gått till historien som en av den athenska demokratins pådrivande gestalter, ibland rentav som dess grundare.[143] Det finns dock knappast något som talar för att detta skulle ha varit hans avsedda strävan. Vi har kunnat följa hur de genomförda åtgärderna i hög grad kan ses som medel för honom själv att vinna en intern maktkamp där hans egna och hans släkts intressen stod på spel. Någon ”demokratisk idé” om ökat inflytande för *demos* tycks knappast ha styrt hans handlande.

Inte heller har man kunnat finna att själva begreppet demokrati användes under hans tid. Inte förrän mot mitten av 400-talet, det vill säga först i efterhand, synes det ha blivit aktuellt att använda sig av denna term då man talade om Kleisthenes och hans reformer.[144]

Det var i stället andra ord som användes för att beskriva tidens politiska ordning, exempelvis begreppen *isonomia* och

---

141 Vernant, s. 98–101.

142 Furuhagen, s. 191–192.

143 Tarkiainen, s. 107; Hansen, M.H.(1986), I, s. 69.

144 Det har dock påpekats att alla skriftliga källor före mitten av 400-talet är skrivna på vers, och att man därför inte kan förvänta sig att sådana ord som ’demokrati’ användes. Hansen, M.H. (1986), I, s. 69.

isegoria. *Isonomia*, eller "likhet inför lagen", användes för att markera motsatsen till monarki och tyranni. Ofta tycks det ha fått stå för ett "ansvarigt och redovisningsskyldigt" styre, ett styre där medborgarna kunde ställa ämbetsmännen till svars för deras ämbetsutövning.[145] Begreppet *isegoria* å sin sida stod för den "lika rätten att tala inför folkförsamlingen".[146]

Persernas anfall och Athens utveckling till imperiemakt

Förskjuter man blicken från Athens interna situation kan man se flyktingströmmen som ett tecken på vad som var på gång utanför de egna gränserna. Nämligen de persiska kungarnas systematiskt framträngande erövringståg. Athen visste vad det hade att vänta. Genom persernas systematiska förberedelser var de länder som stod i tur att erövras klart medvetna om vad som skulle komma, även om det kunde dröja. Varje perserkung såg det som sin plikt att bekämpa den onde guden Ahriman och att genom erövringar utbreda den goda guden Ahura-Mazdas ordning över världen.[147]

År 490 kom persernas anfall mot de grekiska *poleis* som inte gett efter för deras diplomatiska offensiver. Athen utgjorde deras första mål och de landsteg på kusten utanför byn Marathon. Där besegrades de emellertid av den athenska hären. De seglade då vidare runt Attikas kust för att i stället anfalla Athen från söder.

---

145 Finley, (1984/1983), s. 139.

146 Furuhagen, s. 195; Tarkiainen, s. 105–107; Vlastos, s. 364. Enligt Vlastos tycks detta begrepp rentav ha fungerat som något av en politisk slogan, med stor genomslagskraft också när dess "efterföljare", begreppet 'demokrati', kommit att slå igenom. För de demokratiskt sinnade tycks 'isonomia' ha använts som ett rättfärdigande av "folkets" styre. Genom en lika fördelning av den politiska makten skulle man uppnå en kontroll av att lagar efterlevdes av de styrande, vilket var ett nytt sätt att tänka. Huruvida den eller de styrande följde lagen hade tidigare inte uppfattats som beroende av den politiska strukturen, utan av deras personliga moraliska kvaliteter.

147 Furuhagen, s. 184.

Men också detta misslyckades och därmed hade den persiska invasionen på det grekiska fastlandet för tillfället hejdats.

Såväl i Athen, som i andra grekiska *poleis*, utgick man från att perserna snart skulle vara tillbaka, men då i större skala och bättre förberedda. Detta kom i hög grad att prägla såväl Athens som andra staters politik under de följande åren. Inställningen till persisk överhöghet var dock inte entydig. Den var kopplad till den alltjämt pågående maktkampen mellan olika mäktiga släkter. Vissa ansåg att det skulle vara till den egna släktens fördel om de kunde förhandla sig till en fred med perserna. Därmed skulle de själva kunna fungera som den pålitliga lydkung de visste att perserna önskade sig. För andra var en sådan situation omöjlig att tänka sig.[148]

I detta läge använde man sig av två nya politiska reformer, båda riktade mot de mäktiga adelsfamiljernas inflytande. Den ena av dem, ostrakisering, innebar att Folkförsamlingen fick rätt att döma medborgare till tio års landsförvisning (dock med bibehållande av medborgarskap och privat egendom).[149] Det skulle ske genom ett särskilt omröstningsförfarande, där var och en av de församlade på en lerskärva (*ostraka*) skrev ner namnet på den medborgare man upplevde som ett politiskt hot och därför önskade landsförvisa.[150]

Det hade redan tidigare förekommit att man landsförvisat såväl enskilda som hela familjer. Det hade använts som ett medel i kampen mellan de mäktiga släkterna. Då hade förvisningen emellertid utdömts av Areopagen, det vill säga det råd som utgjordes av de före detta arkonterna, alltså personer utvalda bland framförallt adelsfamiljernas medlemmar. Med den nya reformen överfördes domsrätten till Folkförsamlingen, det vill

---

148 Ibid, s. 201–204.

149 Ibid, s. 205; Hansen, M.H. (1986), I, s. 70.

150 Finley(1984/1983), s. 55; Forrest, s. 201–202; Furuhagen, s. 205; Hansen, M.H.(1986), I, s. 70.

säga till personer som stod utanför de mäktiga familjernas maktsfärer.

De som till en början drabbades var som regel personer som stödde en perservänlig politik, det vill säga inflytelserika medborgare som gjort sig bemärkta som motståndare till en upprustningspolitik. Så småningom tycks dock ostrakisering mera allmänt ha använts som ett bekvämt sätt att göra sig av med politiska meningsmotståndare. Allt eftersom tycks man ha ansett att nackdelarna övervägde. Man fann att de landsförvisade ofta utgjorde ett större hot utanför Athens gränser än innanför.[151]

Den andra åtgärden riktad mot de mäktiga släkternas inflytande var att arkonterna skulle utses genom lottning bland de kandidater som demerna ställde upp. Som påpekats hade ämbetsmännen tidigare tillsatts genom val och då ur en krets som till stor del bestod av adelsfamiljerna.[152]

Det avgörande politiska valet i Athen under de närmaste åren stod mellan att upprusta eller att kapitulera inför persernas påtryckningar. Detta var ett val med olikartade konsekvenser för olika medborgargrupper, bland annat för att kostnaderna för en upprustning fördelade sig olika.

Att beskatta medborgarna var i de grekiska *poleis* något främmande. Inställningen var att endast tyranner beskattade sina invånare. I stället var det de förmögna familjernas sak att svara för de kostsamma projekt som behövde genomföras i *polis*. Denna skyldighet kallades liturgi.

Leitourgia var ursprungligen ordet för kostbara offentliga aktiviteter. Från början hade det handlat om en tjänst utförd för folket, därefter för *polis* (och så småningom en gud).

Att bekosta de regelbundet återkommande teaterföreställningarna vid de religiösa festerna, att bygga och utrusta krigsfartyg, att uppföra tempel och offentliga byggnader hörde till de viktigaste liturgierna i Athen under denna tid. Dessa

151 Christiansen, s. 31; Furuhagen, s. 205–206; Tarkiainen, s. 110–116.
152 Furuhagen, s. 205.

skyldigheter fördelades på varv bland de rika adelsfamiljerna. Vanära och utstötthet drabbade dem som inte fullgjorde dessa sina plikter mot *polis*. Man kan se på dessa liturgier som det system varigenom *polis*, utan att ha en särskild byråkrati och utan att gå till en statskassa, kunde få bestämda ting bekostade och genomförda.[153]

Att betrakta liturgierna som enbart skyldigheter vore emellertid för enkelt. Inte bara för att den som särskilt överdådigt fullgjorde sin liturgi också kunde räkna med extra ärebetygelser. Den som fullgjorde sina liturgier kunde också räkna med medborgarnas tacksamhet i form av stöd för sina politiska intressen. Systemet med liturgier vidmakthöll således de mest förmögna medborgarnas inflytande.[154]

Det var med andra ord på de förmögna familjerna som kostnaderna för en rustningspolitik skulle komma att falla. Att försvara sig mot perserna skulle kräva en annan militär strategi än den som tidigare varit aktuell. Hittills hade man framförallt stridit till lands och alla de stridande medborgarna hade själva var och en stått för sin egen rustning. Nu handlade det om att också bygga upp en krigsarmada. Denna nya situation, nämligen att bygga och låta bemanna krigsfartyg, skulle kräva helt andra insatser, insatser som alltså skulle falla på de förmögna adelsfamiljerna. Att många av dem tvekade var därför knappast förvånande. Ostrakisering blev i detta läge ett verksamt medel för dem som önskade genomdriva en upprustning.[155]

Finansieringen av en krigsflotta kunde dock också räddas genom tillfälligheternas spel. Man fann en ny och särskilt rik silverådra i den gruva i vilken man redan tidigare hade brutit silver för *polis'* behov. Vissa av adelsfamiljernas ledande män önskade se dessa fynd utdelade i form av silvermynt bland

---

153 Finley, M. I. (1973/1968), *The Ancient Economy*, s. 151; Furuhagen, s. 207, 241.

154 Finley (1984/1983), s. 37.

155 Furuhagen, s. 207.

samtliga Athens medborgare. Det tycks ha varit genom att ostrakisera dessa som finansieringen av en flottuppbyggnad kunde drivas igenom.

En krigsflotta med tvåhundra fartyg byggdes och bemannades, lanthären sattes i beredskap och försvarsanläggningar byggdes, som förband Athen med hamnstaden Pireus. När perserna år 480 åter försökte invadera det grekiska fastlandet lyckades det – för att göra de olika turernas historia kort – ånyo grekerna att driva iväg dem. Återigen var det athenarna som spelade den avgörande rollen.

Men hotet från perserna kvarstod. En rad *poleis* kring Egeiska havet slog sig därför samman i en försvarsallians. År 478 bildades det Deliska sjöförbundet och Athen blev, på grund av sin stora krigsflotta och för att Sparta drog sig ur ett fortsatt krig mot perserna, dess ledare. De olika *poleis* hade att bidra med krigsfartyg eller att betala tributer till Athen. De flesta föredrog att göra det senare, med den påföljd att det i praktiken blev athenarnas krigsflotta som kom att utgöra den nya alliansens stridskrafter.[156]

Tack vare sin stora krigsflotta och sina segrar över perserna hade Athen blivit den nya stora sjömakten i Egeiska havet och en verklig handelsmakt i Medelhavet överhuvudtaget. ”Den klassiska perioden” har kulturhistorikerna kommit att kalla denna tid. Det är en tid som genom samtida historikers, filosofers och diktares skriftliga verk, genom rättegångstal och offentliga inskrifter kommit att bli den bäst dokumenterade i det antika Greklands historia.[157]

Inom Athens *polis* fortsatte motsättningarna, både mellan de gamla adelssläkterna och andra medborgargrupper och mellan de olika släkterna inbördes. Under en tid fick de konservativa adelsfamiljerna stort inflytande. Areopagen kom då att fungera som hinder för mera folkliga reformer. Genom att ta sig rollen

---

156 Ibid, s. 214.
157 Ibid, s. 219.

av bevakare av författningen gick rådet in och underkände beslut som medborgarna hade fattat i Folkförsamlingen. Genom att utnyttja ett tillfälle då många av de förmögnare medborgarna var borta i krig och därför inte närvarande i Folkförsamlingen, lyckades det den radikalt sinnade adelsmannen Efialtes att år 462 genomdriva ett slut på detta. Areopagen fråntogs rätten att pröva Folkförsamlingens beslut. Författningsfrågor överlämnades i stället till folkdomstolar, vars medlemmar utsågs genom lottning. Då Areopagen förlorade alla sina politiska uppgifter, fördelades dessa mellan Folkförsamlingen, Femhundrarådet och folkdomstolarna. För Areopagen återstod efter detta att fungera som domstol i brottmål.[158]

Utvecklingen hade resulterat i en styresform där alla medborgare, även de fattiga, kunde lägga fram förslag till beslut inför Folkförsamlingen. Den innebar också att ämbetsmän, utskott och kommittéer skulle stå till svars för sina avslutade uppdrag och räkenskaper inför Folkförsamlingen. Den politiska makten hade alltså spridits från endast de gamla adelssläkternas medborgare till hela gruppen manliga medborgare.[159]

Kvar stod emellertid en politiskt inflytelserik instans vars rekrytering inte hade breddats. Det var de tio strategerna, det vill säga härförarna. Dessa tillsattes aldrig genom lottning. De valdes ut, som nämnts tidigare, först av fylerna, senare (efter år 501) av Folkförsamlingen, bland erfarna officerare. I praktiken rekryterades de därför ur de gamla förmögna adelssläkterna. Till skillnad från andra ämbetsmän kunde de återväljas år efter år, även om det var först efter det att deras ämbetsutövning hade prövats. Eftersom Athen under större delen av 400-talet kom att befinna sig i krig, blev strategerna i kraft av sina erfarenheter en ytterst inflytelserik grupp i politiken.[160]

---

158 Ibid, s. 228; Hansen, M.H. (1986), I, s. 72; Tarkiainen, s. 122–123.
159 Forrest, s. 216; Furuhagen, s. 229.
160 Christiansen, s. 32; Furuhagen, s. 192, 194; Tarkiainen, s. 118.

Strategen Perikles och de avgörande stegen fram till den athenska demokratin

Efialtes mördades. Den som kom att fortsätta i hans fotspår var Perikles (som levde ca 500 – 429), också han av aristokratisk börd. Perikles var en av de tio valda strategerna. Många gånger omvald och dessutom efter en tid vald till ledare för strategernas kollegium var han under många år i realiteten Athens ledande man. Under hans inflytande kom de sista stegen att tas fram till vad Aristoteles senare skulle kalla ”den yttersta demokratin”.[161]

Motståndare lär ibland ha talat om Perikles som ”den nye Peisistratos”. ”Till namnet en demokrati, i verkligheten ett envälde i händerna på statens förste man” är ord med vilka den samtida historikern Thukydides, motståndare till demokrati men ingalunda till Perikles, lär ha beskrivit det dåtida styret.[162] Perikles makt förutsatte dock Folkförsamlingens samtycke. Liksom andra strateger måste han lägga fram sina förslag inför Folkförsamlingen, där medborgarna när som helst kunde gå emot hans förslag eller avsätta honom. Hans makt förutsatte med andra ord att han drev en politik som gynnade majoriteten av medborgarna.[163]

Drevs Perikles av en vision om demokrati? Drevs han av en önskan om att införa en styresform som dittills ej existerat, en styresform där makten låg hos *demos*? Nej, inget tycks tala för detta. Det tycks snarare ha handlat om en situation där en personlig önskan om makt för egna intressen stämde samman med en samhällelig situation i vilken en viss typ av politik var både nödvändig och möjlig att bedriva.

En av de reformer som nu infördes var betalning för dem som tjänstgjorde i folkdomstolarna. Om än betalningen inte var särskilt hög, gjorde den det ändå möjligt för också de fattigare

161 Furuhagen, s. 233–234.
162 Citerat ur Christiansen, s. 36.
163 Furuhagen, s. 235.

medborgarna att kunna vara med i denna del av maktutövningen. Perikles skäl för att driva igenom detta tycks dock ha legat på ett annat plan. Förklaringen, har det hävdats, fanns att söka i hans kamp om folkets stöd. Kimon, hans konservative rival, kunde med sin förmögenhet erbjuda hjälp åt de fattigare medborgarna i utbyte mot politiskt stöd. För Perikles, som lär ha saknat en sådan förmögenhet, var detta en omöjlighet. Han sägs därför ha följt rådet "att till folket fördela, vad folket tillhör". Det vill säga att använda offentliga medel för att uppnå detsamma som Kimon sökte uppnå genom privata medel. Vara hur det vill med motivet, folkets gunst uppnådde Perikles i alla fall. Och detta var förutsättningen för den politik han önskade driva.[164]

Det fanns också en annan aspekt av dessa betalningar ur den offentliga kassan. Den som önskade utveckla och stärka *polis* måste bekämpa aristokratins traditionella grepp om de fattiga medborgarna. För att åstadkomma detta krävdes att de fattiga medborgarna erbjöds alternativa sätt att klara sin försörjning i krissituationer. Detta hade Peisistratus påbörjat genom inrättandet av en statlig lånekassa. Perikles, som genom bland annat det Deliska sjöförbundets tributer, kom att ha större resurser till sitt förfogande, fortsatte på den inslagna vägen genom att inrätta olika offentliga betalningar. Jurymän betalades för sitt deltagande i folkdomstolarna, roddare för sina insatser på krigsfartygen och olika arbetare och hantverkare för sitt arbete med de omfattande byggnadsarbeten som igångsattes i Athen.[165]

Athen var, som redan nämnts, på väg att bli ett både kommersiellt och kulturellt centrum. Ändå stod Athen inför en försörjningskris. Liksom tidigare var det ett överhängande problem hur man skulle trygga spannmålsimporten. Framförallt gällde det att se till försörjningen för den ständigt ökande stadsbefolkningen i Athen-Pireus.

---

164 Finley (1984/1983), s. 40; Forrest, s. 219; Tarkiainen, s. 133–135.
165 Finley (1984/1983), s. 46 och framåt; Furuhagen, s. 238.

De fredsöverenskommelser man slutit, först med perserna sedan med Sparta, hade inneburit problem. Tributerna som influtit till Athen från det Deliska sjöförbundets stater hotade att upphöra eftersom många av de allierade staterna i och med freden med perserna inte såg någon anledning att fortsätta sina betalningar. För Athen skulle detta innebära att en stor del av statsinkomsterna försvann. Athens utveckling till imperiemakt lär ha inneburit så mycket som en fördubbling av de offentliga intäkterna.

Freden betydde alltså till en början mindre inkomster. Den innebar också att man inte längre skulle behöva hela den krigsflotta, alla de befästningar och alla de skeppsvarv som byggts upp. Även om detta innebar minskande utgifter innebar det samtidigt att tiotusentals medborgare skulle ställas utan arbete och försörjning.[166]

En åtgärd, tämligen naturlig ur detta perspektiv, var att man införde en begränsning av vilka som skulle få räknas som medborgare. Från år 451/450 gällde att endast den man vars båda föräldrar var fria och infödda athenare kunde bli medborgare. Med denna åtgärd begränsades antalet människor som av *polis* skulle ges ekonomiska fördelar och de för vilka *polis* ansågs ha ett försörjningsansvar. Antalet som åtnjöt skattefrihet, som hade rätt till matsubventioner, som erhöll bidrag för militära tjänster och politiska uppdrag begränsades härmed.[167]

Man vidtog också andra åtgärder. Man vägrade att upplösa det Deliska sjöförbundet. I stället tvingade athenarna de olika staterna att fortsätta sina tributer. Om behövligt med vapenmakt. De stater som revolterade ockuperades, vilket dessutom betydde att man kunde sända iväg tusentals fattiga athenare dit som kolonister. Också handeln inom förbundet drev Athen på till egna fördelar, bland annat genom att låta ersätta olika lokala

---

166 Ibid, s. 232–233.

167 Ibid, s. 233; Hansen, M.H. (1986), I, s. 73–74; Tarkiainen, s. 151–154.

mått-, vikt- och myntsystem med de attiska. Man framtvingade också att viktiga lokala rättstvister skulle föras till Athen för att avgöras. Det Deliska sjöförbundet förvandlades nu på allvar till ett athenskt imperium.[168]

Några grupper som drog verklig nytta av denna politik var naturligt nog köpmännen och hantverkarna. Men det gjorde också de fattiga theterna. För de fattiga och egendomslösa medborgarna innebar den politik som fördes ökade försörjningsmöjligheter. Handeln gav dem arbetsmöjligheter i städerna, krigsflottan gav dem försörjning som roddare och de ockuperade områdena gav många av dem jord. För jordägaradeln var den förda politiken inte gynnsam på samma direkta sätt. En fördel för dem var att det offentliga byggandet nu kunde finansieras ur statskassan. Men det var denna grupp som genom sin liturgiskyldighet skulle stå för utrustandet och underhållet av krigsflottans fartyg.[169]

För att Perikles skulle kunna få denna expansiva politik accepterad, gällde det för honom att få flertalets stöd i Folkförsamlingen. Vi har sett hur den politik han förespråkade rent faktiskt tycks ha legat i det stora flertalet medborgares intresse. Det gällde dock för Perikles att få deras stöd att slå tvärs igenom det politiska beslutssystemet.

Mot denna bakgrund blir det särskilt intressant att se på några av de författningsändringar som nu drevs igenom – förändringar som sedan gått till historien som de slutligt avgörande stegen hän mot den antika athenska demokratins fullbordan.

Vi har redan nämnt att en anledning till att Perikles införde offentliga betalningar kan ha varit att han ville konkurrera ut sin mer förmögne medtävlare Kimon. Inledningsvis handlade det då, som vi sett, om att betala dem som medverkade i folkdomstolarna. Genom Efialtes reform hade den politiskt dömande makten förts från det aristokratiskt sammansatta Areopagen till

---

168 Furuhagen, s. 233.
169 T.ex. Christiansen, s. 33.

folkdomstolarna, till vilka samtliga manliga medborgare kunde utses. Dessa domstolar blev hårt arbetsbelastade. Till deras belastning bidrog också den utökade handeln och Athens inblandning i sjöförbundsstaternas interna rättsfrågor. Det tycks därför ha blivit nödvändigt att ordna ett system varigenom ett tillräckligt antal frivilliga anmälde sig till att bli utlottade. Ur Perikles perspektiv var det dessutom betydelsefullt att dessa frivilliga kom ur de ”rätta” grupperna, det vill säga de som kunde förväntas stödja hans politik.

Kravet på att smidigt kunna få fram de personer som skulle fullgöra olika politiska uppgifter har uppfattats vara en viktig förklaring till att man använde sig av lottningsmetoden. Behovet av att, i första steget, få fram tillräckligt många frivilliga att lotta bland och att dessa frivilliga inte i praktiken blott skulle utgöras av de mest förmögna, gör det tämligen lätt att förstå varför systemet med traktamentesbetalning (diäter) infördes. För den förmögne betydde en sådan dagsförtjänst, motsvarande hälften av dagsförtjänsten för en genomsnittsarbetare, inte särskilt mycket. För den fattige innebar den däremot, om än ett litet, ändå ett viktigt tillskott.[170]

Vi kan allmänt notera att införandet av betalning för fullgörandet av olika politiska uppgifter av många har kommit att betraktas som Perikles viktigaste bidrag till demokratins införande. Redan Aristoteles såg systemet med traktamenten för politiska uppdrag som ett av de viktigaste tecknen på den ”extrema” demokratin.[171]

Systemet med honorar utvidgades allt eftersom. Betalning infördes också för dem som deltog i Femhundrarådet och för dem som fullgjorde lägre ämbetsuppdrag. Senare – år 396 – skulle ersättning också komma att införas för dem som bevistade Folkförsamlingens möten.[172]

---

170 Hansen, M.H. (1986), I, s. 73; Tarkiainen, (1966/1959) s. 136–137.
171 Aristotle (1980/1962), *The Politics*, t.ex. s. 163.
172 T.ex. Christiansen, s. 34; Tarkiainen, s. 139–140.

Det var dock fler reformer som genomfördes under Perikles år som inflytelserik strateg. Vi vet från tidigare att medborgarna sedan Solons tid delats in i förmögenhetsklasser; en indelning som i sin tur blev bestämmande för medborgarnas militära förpliktelser respektive deras rättigheter att utses till olika ämbeten och därmed deras tillträde också till Areopagen.

Förmögenheten hade till en början beräknats in natura utifrån den årliga avkastningen. Därmed hade de flesta höga och mest ansedda ämbetena förbehållits dem som ägde jord. Under 400-talet hade i stället pengar införts som måttenhet. Därmed hade de förmögna företrädarna för handeln, industrin och bankerna, i den mån de var athenska medborgare, kunnat börja tävla med de adliga jordägarna om de offentliga ämbetena. Undantaget var strategämbetet som fortfarande förbehölls de jordägande. Militärt hade det nya sättet att beräkna förmögenhet samtidigt inneburit en utökning av dem som var skyldiga att ställa upp med och själva ingå i rytteriet och det tunga infanteriet.

Under Perikles tid förlorade emellertid förmögenhet i praktiken sin betydelse som kvalificeringsgrund för ämbetsinnehav. De olika ämbetsposterna öppnades allt eftersom för alla medborgare oavsett deras förmögenhet. Tillsammans med principerna om rotation och lottning skulle detta komma att innebära att de politiska uppgifterna spreds och cirkulerade bland de många medborgarna.[173]

Rotationsprincipen innebar att samme medborgare högst en gång under sitt liv och då under en begränsad period av ett år fick uppbära en viss ämbetspost, fick ingå som medlem i de Femhundras råd respektive vara medlem i en folkdomstol.

Mera exakt tycks man dock ha kunnat bli rådsmedlem två gånger under sin livstid, dock ej två på varandra påföljande år. På ämbetsposterna lär man åter ha kunnat tillsättas efter det att ämbetet hade hunnit gå rundgång bland samtliga övriga som ställde upp för att bli utlottade.

---

[173] Ibid, s. 143–144.

Lika lite som systemet med lottning, var rotationsprincipen något nytt påfund. Trots att denna princip ofta har kommit att förknippas med demokratins period, var den ett arv från tidigare. Redan tidigare hade man använt sig av den för att försöka undvika det hot man såg i långa ämbetsperioder. Med snara ombyten ville man förhindra att en viss grupp skulle kunna tillskansa sig alltför stor makt.

Vad gäller lottningssystemet utvidgades detta och renodlades. Vi har redan nämnt att systemet att tillsätta genom lottning hade funnits redan tidigare. Endast ämbeten som krävde vissa fackkunskaper och rutin tillsattes nu i fortsättningen genom val och kom samtidigt att stå utanför traktamentessystemet. Det var de tio strategämbetena, ett fåtal av de högsta finansposterna samt vissa byggmästaruppdrag. I regel besattes dessa poster därför av de mest förmögna medborgarna och bland dessa i praktiken av dem som förvärvat den vältalighet och det rykte om duglighet som behövdes för att bli vald.[174]

Det kan vara intressant att notera att vissa samtida såg på lottningsförfarandet, med dess lika chanser för alla, som ett tecken på demokrati. Andra hävdade däremot närmast det motsatta. Genom lottningsförfarandet menade man att *demos* förlorade sin chans att välja dem man ville ha.

Det har också påpekats att utbredningen av lottningsmetoden skulle ha skett samtidigt med att inflytandet för de enskilda rådsmedlemmarna och ämbetsmännen försvagades. Avsikten skulle kunna ha varit att man med detta tillsättningsförfarande ville minska anseendet och därmed maktbefogenheterna hos de instanser som kunde tänkas uppträda som Folkförsamlingens rivaler.[175]

De olika författningsändringar som genomfördes tycks ha utgjort en avgörande förutsättning för den expansiva och dominerande utrikespolitik som Athen förde under denna tid.

---

174 Christiansen, s. 36; Tarkiainen, s. 146.
175 Ibid, s. 145–151.

Det förefaller dock väsentligt att uppmärksamma att *demos'* vidgade inflytande knappast skulle ha fyllt någon uppgift i detta avseende om inte den förda politiken varit till fördel för *demos* och därför meningsfull för dem att rösta på.

Försörjningskriser kan leda till krav på genomgripande omfördelningar av jord och resurser. Så skedde aldrig i Athen, trots att de fattiga hade säte i Folkförsamlingen och trots det ökade politiska inflytande de kunde antas kräva på grund av sin nya militära betydelse som roddare. Varför?

En trolig förklaring, åtminstone en viktig delförklaring, verkar vara att Athens situation vid denna tid var sådan att det blev möjligt att samtidigt kunna tillfredsställa olika medborgargruppers krav och intressen. De fattiga medborgarnas situation kunde förbättras utan att det förutsatte omvälvningar på de rikas bekostnad.

Även om man under antiken inte upprättade våra dagars statsbudgetar, handlade det naturligtvis också då om att på något sätt få inkomster och utgifter att gå ihop. De flesta *poleis* saknade ett ihopsamlat sparande. Alla extraordinära aktiviteter som exempelvis att föra krig, ge hjälp åt hungrande, att bygga ett nytt tempel, måste finansieras med hjälp av tillfälliga ad hoc åtgärder. Som påtalats tidigare var direkta skatter, om de riktades mot medborgarna, politiskt omöjliga. Endast en tyrann beskattade medborgarna.[176]

Men inte bara extraordinära uppgifter ställde stora krav på *polis*. Frågan om hur befolkningen skulle kunna föda sig tycks ständigt ha varit aktuell och ha utgjort en ytterst viktig drivkraft i det politiska handlandet. Allmänt gällde att om någon viktig grupp ansåg sig för hårt ansatt kunde det leda till inbördeskrig (*stasis*), med åtföljande risker för konfiskeringar och nya lagar.

Framförallt hade man, genom tiderna, handskats med de fattiga medborgarnas försörjningssituation på andra befolkning-

---

176 För detta och följande avsnitt se Finley (1973/1968), s. 156, 165, 171–175.

ars bekostnad. Den långa historien om antikens kolonialisering kan ses i detta ljus. Den grekiska världens utbredning under århundraden, från ungefär 750, som inneburit upprättandet av grekiska samhällen från Marseille i väster till Svarta havet i öster, var just ett avhysande av ett överskott av medborgare till främmande land. Inte alltid med samtycke från dem som sändes iväg.

Väl framme vid 400-talet hade sådana möjligheter dock börjat sina, men så fort de erbjöd sig utnyttjade man dem. För Athens del har vi sett hur man utnyttjade sin styrkeposition och konfiskerade jord av upproriska medlemmar i det Deliska sjöförbundet. I huvudsak hade situationen dock blivit den att man behövde interna sätt att lösa försörjningen för de fattiga medborgarna. Och detta stod Athen med möjligheterna att kunna klara.

Athen förfogade över sällsynta inkomstmöjligheter. Man hade skaffat sig en rikt utvecklad handel med omvärlden. Man hade en krigsflotta med vilken man kunde både hävda och skydda denna sin handel, som också inkluderade den livsviktiga importen av spannmål. Man ägde också silverfyndigheter. Sist men inte minst: man utgjorde ledningen för det Deliska sjöförbundet. *Polis* kunde med andra ord med sina resurser ge åt sina fattiga medborgare utan att på något genomgripande sätt behöva ta från de rika.

Det har hävdats att principen med betalning för offentliga tjänster och politiska uppgifter skulle vara nyckeln till den unika situationen i Athen. Det kan konstateras att man under nästan två århundraden, frånsett två händelser under Peloponnesiska kriget, slapp inbördes stridigheter. Det kan samtidigt konstateras att det endast var i Athen som man betalade för politiska uppdrag och att det endast var där som det existerade en stor krigsflotta, med fattiga medborgare som betalda roddare.

Det utspridda bruket av offentliga medel, med imperiet som viktig förklarande bakgrund, har dock inte bara sammankopplats med den tämligen unika sociala fred som kom att råda i Athen.

Också antikens mest utvecklade demokrati anses ha det athenska imperiet att tacka för sin existens.

Det tillhörde, som nämnts flera gånger, *polis'* historia att de medborgare som bar de finansiella och militära bördorna, det vill säga män ur de förmögna adelssläkterna, ansåg sig vara de som hade rätten att vara de styrande, om än med hörande av *demos* i folkförsamlingen. Kring ungefär mitten av 500-talet hade dock den ekonomiska och militärstrategiska utvecklingen lett till att någon form av kompromissystem införts i många *poleis*. De fattiga medborgarna hade fått ett visst mått av inflytande, framförallt genom rätten att utse vissa ämbetsmän. Det avgörande inflytandet över beslutsfattandet hade de förmögna ändå behållit. Endast i Athen lär denna maktställning ha förskjutits på ett avgörande sätt och den enda variabel som var unik för Athen var dess imperium. Ett imperium för vilket en krigsflotta utgjort en oundgänglig förutsättning. En flotta som alltså både gjorde de fattiga medborgarna militärt oumbärliga och gav möjligheterna att tillmötesgå deras intressen.

När imperiet senare, strax före år 400, tvingades i upplösning, hävdas det att systemet med offentliga betalningar var så djupt förankrat att ingen, trots de ekonomiska svårigheterna, tordes ersätta det.[177] Intressant nog, för att gå händelserna något i förväg, har 300-talets demokrati kommit att beskrivas som mer inskränkt än 400-talets.

---

177 Vissa forskare, t.ex. Tarkiainen, s. 140, talar dock emot den starka koppling som ofta görs mellan Athens egenskap av imperiemakt och förekomsten av ett traktamentsystem. I så fall, hävdar han, skulle traktamentessystemet upphört med det athenska imperiets sammanbrott.

Peloponnesiska kriget och försöken att upphäva den athenska demokratin

Vi har kunnat följa hur utvecklingen av Athens politiska struktur ingick som en integrerad del av Athens allmänna samhälleliga utveckling. Såväl orsakad av den, som bidragande till den.

Utifrån sina naturmässiga och befolkningsmässiga förutsättningar hade Athen handskats med sina interna och externa problem genom att utvecklas till ett ekonomiskt och politiskt maktcentrum, en utveckling som hade krävt vissa politiska betingelser för att kunna genomföras. Makten var inte längre ensidigt förbehållen de aristokratiska klanöverhuvudena. Rivaliserande adelssläkter hade i olika situationer sökt stöd av *demos* i Folkförsamlingen för sina respektive syften. Politiskt stöd var det pris de fattiga medborgarna ofta fått betala när de tvingats begära de förmögnas hjälp för sin försörjning.

Av de vid Perikles tid cirka 40 000 fria athenska männen, tillhörde ungefär hälften den lägsta förmögenhetsklassen, theterna. Den större delen av dessa ägde visserligen mark, men inte tillräckligt för att klara sin försörjning. De av theterna som helt stod utan jordegendom hade bara tillfällighetsarbeten att förlita sig på. Vi har redan varit inne på hur dessa grupper därför dragit fördel av den förda politiken. Hantverk och handel gav nya försörjningsmöjligheter, likaså flottan och hären. Makten över de allierade Sjöförbundsstaterna hade bland annat utnyttjats för att konfiskera mark som sedan delats ut till bosättning. I politiken hade, som vi sett, ekonomiska ersättningar börjat införas.[178]

Under ett par årtionden pågick dessutom som nämnts, på Perikles initiativ, inne i Athen liksom runtom i Attika ett väldigt och kostsamt byggande, som betalades med medel ur statskassan. Parthenon på Akropolis är ett av de många minnen vi fortfarande idag har kvar av denna verksamhet. Rimligtvis måste

---

178 Furuhagen, s. 240, 244.

detta byggande ha spelat en betydande roll för Athens utveckling till kulturellt och ekonomiskt centrum. Ändå tror man att det avgörande motivet varit att Perikles ville skapa arbeten för de många medborgare som stod utan egna tillräckliga försörjningsmöjligheter. Så småningom fick man dock ställa in det offentliga byggandet, pengarna behövdes för militära ändamål.

År 431 utbröt nämligen det som kom att kallas peloponnesiska kriget.[179] Detta krig, som började med ett anfall från spartanernas sida, kom att vara ända fram till år 404. Då hade Sparta uppnått sitt uttalade krigsmål, en upplösning av det athenska imperiet. Detta utdragna krig, i vilket många grekiska *poleis* var indragna, kan beskrivas som Athens och Spartas kamp om hegemonin i den grekiska världen. Det kan också beskrivas som en strid mellan två politiska system. Inom många av de inblandade *poleis* pågick en kamp mellan dem som kämpade för att *demos* skulle få ökat inflytande och dem vars intressen bättre gynnades av ett aristokratiskt styre. De förra slöt upp bakom Athen, de senare bakom Sparta.[180]

Perikles krigsstrategi gick ut på att evakuera hela Attikas befolkning till området innanför de befästningsmurar som band samman Athen med de två hamnarna Pireus och Faleron. Försörjningen kunde klaras tack vare att den athenska flottan behärskade havet och därmed kunde förse invånarna med livsmedel och andra förnödenheter. Spartas strategi, som gick ut på att skövla och ödelägga jord och egendomar på den attiska landsbygden för att därmed tvinga Athen till eftergifter, skulle därför ej komma att lyckas.

Situationen blev ändå ytterst påfrestande för den athenska befolkningen. En pestepidemi gjorde inte situationen bättre. Den förstärkte dessutom den politiska oron. Enligt dåtida tänkesätt

---

179 Det var under detta krig som Perikles höll sitt berömda begravningstal där han definierade och slog fast att Athen var en demokrati. Jämför det inledande kapitlet om begreppet demokrati.

180 Furuhagen, s. 251; Tarkiainen, s. 161.

uppfattade man epidemier som gudarnas straff. Perikles fick bli syndabock. Han åtalades, men frikändes. Kort därefter, år 429, dog han i pesten.[181]

Krigssituationen hade betydelse för olika gruppers möjligheter till inflytande i Folkförsamlingen. Evakueringen av landsbygdsbefolkningen in till Athen innebar ändringar i Folkförsamlingens sammansättning. Landsbygdens medborgare kom att delta i politiken på ett helt annat sätt än tidigare. De utgjorde samtidigt en grupp som kunde antas ha allt intresse av att få slut på kriget. Folkförsamlingens sammansättning kom dock att variera mellan olika tidsperioder. Beroende på vilka grupper som var ute på de olika krigstågen kom folkförsamlingen att domineras av olika medborgargrupper. När det framförallt var theterna eller roddarna som var ute i strid dominerade de förmögnare medborgarna. När hopliterna, det tungt beväpnade fotfolket, var ute innebar det i stället ett stärkt inflytande för de fattiga medborgarna.[182]

Folkförsamlingen blev ett ytterst nyckfullt organ, än mer så mot slutet av kriget, då spannmålsförsörjningen till staden ofta avbröts eller minskade. Åtskilliga använde sig därför av möjligheten att fördröja beslut, genom att underställa dem domstolsprövning (*graphe paranomon*[183]). Detta var en åtgärd som införts som skydd mot kuppartade lagändringar i den lättpåverkade

---

181 Furuhagen, s. 254, 256; Hansen, M.H. (1986) I, s. 75.

182 Christiansen, s. 36.

183 *Graphe paranomon* var den processform varigenom Folkdomstolarna kontrollerade Folkförsamlingen. Även om Folkförsamlingen hade antagit dekretet i fråga med stor majoritet kunde Folkdomstolen ändå utdöma ett hårt straff för förslagsställaren. Eftersom man ansåg att folket alltid hade rätt, menade man att Folkförsamlingen bara kunde ha fattat ett lagstridigt eller olämpligt beslut om den hade blivit vilseledd av någon lömsk eller korrupt folktalare. Ju fler av Folkförsamlingens medlemmar en sådan talare hade lyckats överbevisa, ju strängare blev därför straffet. Hansen, M.H.(1986), s. 41. Angående begreppet *graphe paranomon,* se även Finley (1996/1985/1973), s. 26 och Hansen, M.H. (1999/1991), s. 338.

Folkförsamlingen. Nu kom den framförallt att utnyttjas för att överhuvudtaget förhindra initiativ från politiska motståndare.[184]

En ny typ av politiska ledare hade trätt fram efter Perikles död. Det var de så kallade folktalarna, eller demagogerna. Dessa tillhörde inte, vilket tidigare inflytelserika ledare (framförallt strategerna) gjort, de gamla aristokratiska släkterna. I stället kom de ur förmögna köpmanna- och fabrikörskretsar, ofta ur sådana grupper som kunde profitera av krigsindustrin och livsmedelshandeln, ibland dock också ur tämligen fattiga hantverkarkretsar.[185]

Demagog var ursprungligen ett ord utan negativ laddning. Från början lär det ha betecknat den som, utan att själv inneha något statsämbete, genom sitt personliga anseende och sin vältalighet var det fria folkets rådgivare och ledare gentemot aristokratin.[186]

Demagogerna angrep de gamla adelsfamiljerna, och deras inflytande kom att innebära en förstärkning av stadsmedborgarnas intressen på bekostnad av de jordägandes. Många hävdade att demagogerna hetsade de fattiga mot de rika, att de gav makten till folket. Dåtidshistorikern Thukydides hävdade att de nya politiska ledarna stod i skarp kontrast till Perikles. I stället för den värdige, geniale och obesticklige statsmannen Perikles hade nu ”folksmickrare” gjort sitt intåg. Många lär ha uppfattat Perikles död som en vändpunkt i Athens politiska liv.[187]

Det var alltså genom sin talekonst som demagogerna utövade sitt inflytande över Folkförsamlingen, Femhundrarådet och domstolarna. De tycks ha aktat sig för att själva ta på sig något offentligt ämbete. Vann deras förslag gehör men fick negativa följder, var det inte de själva utan den ämbetsinnehavare som verkställde beslutet som fick bära ansvaret.

---

184 Furuhagen, s. 261.
185 Ibid, s. 257, 261; Hansen, M.H. (1986), I, s. 75; Tarkiainen, s. 173.
186 Nordisk familjebok, band 6, (1907), spalt 119.
187 Tarkiainen, s. 171, 173; Farrar, C. (1988), *The origins of democratic thinking*, s. 36 ff.

Med demagogerna uppenbarade sig skillnaden mellan makt och ansvar. Dittills tycks de som ägde folkets förtroende som rådgivare ofta ha valts till strateger. Därmed hamnade de, till skillnad från demagogerna, i en position i vilken de utan svårighet kunde ställas till svars, såväl för sina initiativ som för sitt sätt att verkställa besluten.[188]

Åtskilliga i det dåtida Athen tycks ha sett på framväxten av ett nytt ledarskikt, kommet ur en annan social bakgrund än tidigare, som ett uttryck för demokratins oduglighet. Det talades om demagogernas respektlöshet gentemot det politiska systemet, om deras öppna frieri efter *demos'* röster, om deras mani att framhäva segrar över personliga motståndare i Folkförsamlingen eller domstolarna som en framgång för hela *polis* och om deras fåfänga, vulgaritet och vinningslystnad. I skrivna verk från denna tid, alltså 400-talets sista tredjedel, kan man finna att tonen ofta var uttalat antidemokratisk, inte minst i de populära komedierna.

Trots all kritik kom den athenska demokratin ändå att leva kvar (åtminstone i sina huvuddrag) till långt fram i det följande århundrandet. När den avskaffades var det inte inifrån av athenarna själva. Demokratin levde kvar ända fram till dess att den avskaffades utifrån, nämligen då de makedonska kungarna gjorde slut på athenarnas, liksom andra grekiska stadstaters, självständighet. Men innan dess gjordes två allvarliga attacker mot demokratin. Vid två tillfällen, år 411 och år 404, försökte kritikerna genom kupper i Folkförsamlingen göra slut på de demokratiska styresformerna för att ersätta dem med ett oligarkiskt styre.

I Athen pågick den ständiga maktkampen mellan olika ledande släkter och olika medborgarskikt. Olika grupper gynnades eller missgynnades olika av utvecklingen. De ledande släkternas talesmän sökte ofta stöd hos olika medborgargrupper för att med deras hjälp kunna driva igenom en politik i sitt eget intresse.

---

188 Tarkiainen, s. 174–175.

Krig och epidemier hade skördat sina offer, och landskapet hade flera gånger härjats och ödelagts. Det rådde oro inom det Deliska sjöförbundet. Athen hade, genom att stödja uppror i Mindre Asien, åter skaffat sig perserna till fiende. Den tidigare politiska jämvikten inom *polis* hade märkbart rubbats, dels genom lantbefolkningens tvångsevakuering in till Athen, dels genom den ständiga frånvaron av de flesta vapenföra theterna. Stämningen hade mognat både för att avsluta kriget och för att ändra det politiska systemet.[189]

År 411 bröt den första av de två författningskriserna ut. I den kunde, grovt sett, tre olika politiska meningsriktningar urskiljas.[190] För det första "demokraterna" som var för det bestående. Till dessa hörde framförallt småfolket, det vill säga de fattigare medborgarna. Dessa hade till en början ledare bland demagogerna. Men när de mest betydande bland dessa demagoger mördats vid terroraktioner, igångsatta av den opponerande överklassen, lamslogs den demokratiskt inriktade gruppens politiska aktivitet.

Den andra gruppen utgjordes av dem som strävade efter en måttlig ändring av de politiska förhållandena. Betoningen låg på att det enkla folkets och demagogernas makt skulle inskränkas. Till denna moderata grupp hörde i första hand bondedelen av hoplitklassen. Ju längre freden dröjde och ju mer deras odlade mark härjades, ju mer otillfredsställda hade de blivit med den rådande ordningen. I praktiken kom de ofta att göra gemensam sak med den tredje gruppen.

Den tredje gruppen bestod i sin tur av demokratins mest oförsonliga fiender, nämligen oligarkerna. Bland dessa fanns de som redan vid peloponnesiska krigets början (431) i hemlighet hade bjudit in spartanerna i förhoppningen att med deras hjälp kunna störta det demokratiska styret. Den tredje gruppens kärna utgjordes av männen ur den rika hippeisklassen, de som utgjorde

---

189 Ibid, s. 176.

190 Jämför de grupperingar som var tydliga redan under Solons tid.

det militära rytteriet. Deras egendomar, företag och handelsförbindelser hade lidit svårt av kriget och samtidigt var det på dem som de tunga finansiella bördorna hade lagts. Detta var en välorganiserad grupp med målmedvetna ledare, politiska föreningar och hemliga edsförbund. De skulle visa sig i stånd till såväl konspirationer som lönnmord.[191]

Kombinationen av krigets bördor, ekonomiska och sociala motsättningar, upplösningen av många gamla tänkesätt och Folkförsamlingens lynnighet tycks ha fått många att längta tillbaka till "den gamla goda tiden". Många blickade gärna tillbaka till den "hjälteperiod" då athenarna segrat över perserna och de förhållanden som då rådde inom både kultur och politik.[192]

Kritikerna förordade ett återvändande till "förfädernas författning". Ingen av de kritiska grupperna tycks ha funnit det opportunt att tala öppet om sitt slutmål. Idealet var att återvända till de förhållanden som man menade hade varit rådande tidigare. Man framställde det man eftersträvade som något beprövat och ärevördigt. Ephialtes, Kleisthenes och Solon blev personer ur det förflutna i vars namn man presenterade sina planer.

Vad man rent faktiskt tillskrev de olika förfäderna tycks ha varit tämligen tillfälligt. De flesta lär ha haft vaga och motstridiga föreställningar om den egna historien. Oligarkerna skydde begreppet demokrati som politisk paroll, medan "moderaterna" ville gå tillbaka till "den sunda demokrati" som man ansåg hade föregått dagens "fördärvade" och "extrema" form av demokrati.[193]

År 411 gick kritikerna till angrepp. Då lyckades de driva igenom i Folkförsamlingen att ett lagförslag skulle utarbetas för att "rädda" *polis*. Ett specialorgan på trettio personer gavs fullmakten att göra detta. När förslaget sedan skulle presenteras sammankallades Folkförsamlingen till en plats utanför Athen, dit

---

191 Tarkiainen, s. 178–179.
192 Furuhagen, s. 266.
193 Tarkiainen, s. 179–181.

förmodligen endast få theter följde med. När Folkförsamlingen beviljat kommitténs förslag om att undanröja bestämmelsen om *graphe paranomon* (vars uppgift bland annat var att hindra författningsändringar) blev det fritt fram för att ersätta det rådande demokratiska systemet med "förfädernas lag".

Enligt 30-mannakommitténs förslag skulle kretsen av fullvärdiga medborgare starkt reduceras. Endast 5000 man, "de som personligen och med sin förmögenhet var mest i stånd att vara nyttiga för staten", skulle få räknas. De skulle utnämnas av det nya råd som nu skapades och endast de som godkände den nya författningsformen skulle ges makt.

Detta nya råd, bestående av 400 män, skulle liksom på Solons tid utses genom val. Det skulle ersätta Femhundrarådet[194], som ju hade utsetts genom lottning och som genom rotationssystemet ständigt hade förnyats.

Det var det nya rådet som skulle välja vilka som skulle inneha de olika ämbetsposterna. Rådet skulle självt sköta de uppgifter som hade med utrikespolitik, militär- och finansförvaltning att göra. Det skulle också fungera som domstol och möjligen också som lagstiftningsorgan.

De Fyrahundras regeringsperiod varade dock bara några månader. Utslagsgivande lär ha varit den athenska flottans vägran att erkänna oligarkin, som ju uteslöt flottans roddare och de fattiga soldaterna från makten. Flottans vägran gjorde att man hamnade i en omöjlig situation. Det gick varken att få ett tillfredsställande slut på fredsförhandlingarna med Sparta eller att

---

194 Som av vissa gått under namnet "bönrådet". Ibid, s. 183. Namnet "bönrådet" anspelade på det gamla bruket att vid lottning använda sig av olikfärgade bönor. Man fyllde en urna med lika många vita som svarta bönor. En person med förbundna ögon plockade upp en böna, varvid vit böna betydde ja, svart böna nej. Ursprungligen hade detta tolkats som ett tecken från skyn, genom lottens hjälp hade man utkorats av gudarna. Furuhagen, s. 155–156; Hansen, M.H. (1979), *Den athenske demokrati i 4. århundrade f.Kr., Del 5, Embedsmænden,*. s. 29–31, 102 not 168.

fortsätta kriget. Spannmålsinförseln hotades. Därtill kom att de Fyrahundras råd genom sin hårdhet snabbt hunnit göra sig hatade.

I de oroligheter som bröt ut lyckades det ”moderaterna” att få de Fyrahundras råd avsatt och makten överlämnad till de 5000 medborgare som på egen bekostnad kunde ställa upp som hopliter. Genom att på detta sätt ta avstånd från oligarkerna lyckades de återupprätta förbindelserna med flottan och därmed öppna för en framgångsrik fortsättning på kriget. I praktiken ledde detta till demokratins återkomst.

I arbetet med att återupprätta demokratin satte man igång att granska och kodifiera de tidigare lagarna, samtidigt som man stiftade nya. Man preciserade förhållandet mellan det återupprättade Femhundrarådet och Folkförsamlingen. Man vidtog olika åtgärder för att förhindra revolutionära intriger. Bland annat införde man en särskild sittordning i rådet för att förhindra fraktionsbildningar. Man införde också att alla athenare skulle svära trohet till demokratin, och det blev till och med fritt fram för var och en att utan bestraffning döda demokratins fiender. Men – trots alla säkerhetsföreskrifter – utsattes den athenska demokratin efter några år åter för angrepp.[195]

År 404 var det åter dags. Folkförsamlingen sammankallades återigen utanför Athen, denna gång i hamnstaden Pireus. Där, i skydd av en spartansk ockupationsstyrka, upplöste man demokratin för andra gången.

Spartanerna hade då till slut lyckats besegra athenarna. De hade blockerat Athen från havet och samtidigt belägrat staden från land. Fredsvillkoren hade blivit hårda. Athenarna hade tvingats riva sina långa försvarsmurar, och i stort sett hela deras flotta hade förstörts. Deras imperium hade upplösts, och alla athenare hade skickats hem från sina kolonier och ockuperade områden.

---

[195] Tarkiainen, s. 182–188.

De athenare som tvingats återvända från sina besittningar, som hemlösa och fattiga flyktingar, bar med sig en stor förbittring som de riktade mot Folkförsamlingen. De ansåg att det var den som bar skulden till Athens nederlag, imperiets upplösning och deras eget olycksöde. Deras missnöje kom att utnyttjas av dem som ville avskaffa demokratin.[196]

Under den spartanske amiralen Lysanders uttalade hot tillsatte Folkförsamlingen återigen en trettiomannakommittée för att revidera lagen i enlighet med förfädernas tradition. Med stöd av en spartansk garnison stationerad uppe på Akropolis hann dessa trettio (varav några varit aktiva redan vid kuppen 411) utöva ett hårt skräckvälde innan de fördrevs genom ett folkuppror. På åtta månader lär 1500 athenare, både politiska motståndare och andra, med eller utan rättegång, ha fått sätta livet till.[197]

Spartanerna tvingade athenarna till en inbördes förlikning. Parterna fick förplikta sig att bevilja *amnesti* för i stort sett alla som varit inblandade, dock inte för ”de trettio tyrannerna”. Restaureringen av demokratin tycks ha löpt tämligen lugnt. Denna gång öppnade man inte för vedergällningsaktioner.[198]

År 401 återinfördes den demokratiska ordningen. Trots att alla inte alls var övertygade om demokratins välsignelse verkar det inte ha ansetts nödvändigt att särskilt rättfärdiga denna återgång. Det tycks snarast ha varit så att athenarna endast såg två alternativ som möjliga, oligarki och demokrati. Båda dessa hade man erfarenhet av, men av oligarkin färskare och bittrare.

Antikens demokrati tycks med andra ord i hög grad ha återinförts och levt vidare för att de athenska medborgarna uppfattade den vara den minst dåliga av de två statsformer man såg framför sig.[199]

---

196 Furuhagen, s. 264.

197 Christiansen, s. 38; Furuhagen, s. 265; Hansen, M.H. (1986), I, s. 78; Tarkiainen, s. 191.

198 Ibid, s. 192, 194, 282.

199 Ibid, s. 202.

Den athenska demokratins sista århundrade

När man beslutat sig för att återgå till demokrati handlade det huvudsakligen om att förtydliga lagstiftningen och återuppbygga *polis'* förvaltning men också om att bestämma vilka som skulle räknas som medborgare.[200]. Vilka de var oklart. De från landsförvisningen återkomna oligarkerna föreslog att endast de med lantegendom, på sin höjd också de med fastigheter i staden, skulle räknas som fullvärdiga medborgare. Förslaget avvisades. Inte heller de demokratiskt sinnades förslag accepterades. Detta gick ut på att alla som hjälpt landsförvisade i kampen mot oligarkerna, det vill säga även metoiker och slavar, också skulle beviljas medborgarskap. Därigenom önskade man fylla på den genom krig och inre strider starkt reducerade medborgarskaran. Folkförsamlingen gick först med på förslaget, men eftersom det inte hade förbehandlats av rådet lyckades det motståndarna att få det betraktat som olagligt. Slutresultatet blev att man återgick till den bestämmelse som införts under Perikles tid. Medborgarskap skulle endast beviljas den vars båda föräldrar var födda som fria athenare.

Under demokratins tidiga period, den som vissa kallade dess ”heroiska tidsålder”, var det den oskrivna lagen, sedvanerätten, som gällt. Nu räckte dess bindande kraft inte längre till. Den första kodifieringen av lagar, sedan Solons tid, hade påbörjats 410. Nu fortsatte man med en mer omfattande lagrevision.[201] Man tog utgångspunkt i lagar från såväl Drakons som Solons tid.

---

200 För detta och följande avsnitt se Tarkiainen, s. 193–204.

201 Revideringsarbetet innebar att Rådet och 500 av demerna valda lagstiftare (nomotheter) gemensamt gick igenom och övervägde varje lag. Varje medborgare hade rätt att yttra sig. Eftersom det nästan 1000 man starka kollegiet endast ytligt kunde göra sig förtroget med varje lag, överlämnades det egentliga redigeringsarbetet och även beslutanderätten över lagarnas autencitet åt en liten, av Rådet vald, sakkunnig kommission. Därefter godkände eller avslog Rådet med de 500 nomotheterna förslagen, varefter de antagna lagarna bringades till ämbetsmännens

Den stadfästa lagen blev ytterst betydelsefull. Inga beslut som Femhundrarådet eller Folkförsamlingen fattade fick sätta sig över lagen. Domarna fick fortfarande ta hänsyn till oskriven lag, men vid ämbetsutövande fick inga oskrivna lagar följas. Nya lagar måste åtföljas av initiativtagarens namn, och tilläts inte gå under namnet "Solons lag". Härigenom ville man förhindra omstörtningsförsök, i vilka man ofta försökt åberopa sig på just Solons författning. Man återinförde *graphe paranomon* förfarandet.

På en punkt i restaureringsarbetet gick man längre än till det som varit tidigare. Det gällde de så kallade traktamentesbetalningarna, den ersättning som betalats dem som ingått i Femhundrarådet, Folkdomstolarna och de som innehaft olika ämbetsposter. För oligarkerna utgjorde dessa betalningar närmast ett rött skynke, man ansåg att de var en viktig orsak till den fördärvliga utvecklingen. Just efter krigsslutet hade Athens finansiella läge varit särskilt besvärligt, men redan vid århundradeskiftet då läget hade förbättrats hade man återinfört dessa traktamentsbetalningar. Snart tog man ett steg till. Man tycks ha ansett att Folkförsamlingen behövde aktiveras och införde därför betalning även för dem som slöt upp vid dessa möten.

Demokratin, i sina nu uppnådda former, gick sedan i arv till 300-talet, och förblev i stort oförändrad fram till att Athen år 322 förlorade sin självständighet och kom under makedoniernas herravälde. Det betydde dock inte att det rådde tillfredsställelse med den politiska situationen under denna tid. De ekonomiska, sociala och politiska förhållandena tycks snarast ha gett upphov till en ännu mer omfattande kritik än den som hörts under det föregående århundradet. Men demokratin som system tycks ha stått över all diskussion. Tydligen fann också motståndarna anledning att ställa sig lojala med den demokratiska statsformen.[202]

---

kännedom och skrevs ned på sten. Cirka år 399 lär det stora revideringsarbetet ha varit avslutat. Ibid, s. 198.

202 Ibid, s. 201–204.

Att författningen skulle vara demokratisk var alltså en självklarhet efter revolutionerna 411 och 404. Men den demokrati som infördes var inte demokratin från Perikles tid.

Ansvaret för Athens nederlag i peloponnesiska kriget hade tillskrivits demagogerna. Många menade att dessa hade missbrukat den radikaldemokratiska författningen till att övertala *demos* att välja en felaktig politik. Man ville förhindra att något liknande skulle kunna upprepas. Man skulle ha en "moderat" demokratisk författning.[203] Även om man avvisade förslaget om att politiska rättigheter endast skulle ges de athenare som ägde jord, gjorde man inskränkningar i Folkförsamlingens makt. Den lagstiftande och dömande makten inskränktes och samlades i stället hos de 6000 edsvurna, som dels fick bilda en lagstiftande församling (*nomotheter*), dels fungera som domare (*diskaster*).

Utrikespolitiken avgjordes av *demos* i Folkförsamlingen. Men i inrikespolitiska frågor tycks Folkförsamlingen i stort sett ha reducerats till ett förvaltningsorgan. Man fick fatta beslut i mindre frågor, men då efter de riktlinjer som fastställts i lagarna. Endast i krissituationer, som exempelvis under kriget mot Filip av Makedonien åren 340–338, återfick Folkförsamlingen samma rättigheter som det hade haft under 400-talet.

Vissa ämbetsmän utsågs åter, som i gamla tider, genom val, exempelvis de som skulle inneha de höga finansämbetena. Ett viktigt inslag i återskapandet av "förfädernas författning" eller "den blandade demokratin" var också den gamla Areopagens utvidgade makt. Det blev nu detta råds uppgift att sköta övervakningen av ämbetsmännen och lagstiftningen. Senare drogs detta råd också in i förundersökningarna i samband med politiska processer. Till slut fick det också kompetensen att döma i alla frågor som en medborgare föredrog att lägga fram inför Areopagen i stället för inför Folkdomstolen.

300-talets demokrati kom alltså att skilja sig från den som funnits på Perikles tid. Demokratin under Perikles tid har be-

---

203 För detta och följande avsnitt se Hansen, M.H. (1986), I, s. 78–84.

skrivits som ”folkförsamlingsdemokrati”, till skillnad från den senare ”folkdomstolsdemokratin”, där makten utövades av de edsvurna, avbalanserade i sin tur av Areopagen och ämbetsmännen. Under Perikles tid fanns exempelvis ingen särskild lagstiftande församling. Alla viktiga beslut träffades av Folkförsamlingen, som också fungerade som översta domstol.

Man tycks alltså kunna tala om två faser i antikens athenska demokrati. Den första radikala fasen av demokratin brukar anges till perioden 462 till 404. I nästa fas (403–322) handlade det om en mer moderat form av demokrati, [204]

I den senare fasen handlade det snarast om en sammanflätad demokratisk-oligarkisk författningsform, skapad utifrån en nostalgiskt tillbakablickande längtan. Ibland gick denna fas under namnet ”guldåldersdemokrati”. Denna benämning anspelade på den så kallade ”guldåldersteorin”, det vill säga tron på en tidigare ”guldålder”. Därför hävdade man att vägen till goda tider låg bakåt, i att gå tillbaka till dessa tider.

Utrikespolitiskt önskade man sig tillbaka till de fornstora dagarna under perserkrigens år och det Deliska sjöförbundets storhetstid. Författningsmässigt drömde man sig däremot tillbaka ända till Solons, eller rentav Drakons tid. Det var den tid då man menade att den ”sanna” demokratin varit rådande, den demokrati som senare tiders folkförförare satt sig över, en bedömning som vissa anser visade på att athenarna tycktes ha förenat en nästan obegränsad respekt för forna tider med ett nästan lika obegränsat förakt för historien.

För att återvända till den faktiska verkligheten under 300-talet kan man konstatera att klyftan mellan rika och fattiga ökade under denna krigshärjade och kaotiska tid. Få grekiska stadsstater tycks ha kunnat garantera sina innevånare politisk och social stabilitet. För Athens del var det viktigaste politiska målet som

---

204 Hansen, M.H. (1999/1991), s. 300.

alltid att trygga spannmålshandeln. Detta tvång kom att påverka såväl athenarnas inåtriktade som utåtriktade agerande.[205]

Bakom hörnet lurade också hotet från de makedonska härskarna. Av grekerna betraktades makedonerna som barbarer (*barbaros*, person som inte har grekiska som modersmål) trots att deras kungahov talade grekiska och levde efter grekiskt kulturmönster. Redan år 357, då Filip II blivit kung, hade makedonernas huvudstad Pella hunnit utvecklas till ett nytt politiskt, ekonomiskt och kulturellt centrum i Grekland. Steg för steg gjorde sig den makedonske härskaren till herre över alltfler *poleis*. Ömsom genom guldmutor, ömsom genom militära insatser. Den makedonska yrkesarmén lär ha varit dåtidens mest effektiva.

I tal, som genom tiderna ansetts tillhöra den grekiska retorikens höjdpunkter, varnade athenaren Demosthenes för halvbarbaren från norr, som hotade Athens livsmedelsförsörjning och självständighet och alla andra fria *poleis*' existens. Till slut lyckades det Demosthenes att mobilisera athenarna till försvar, men år 338 besegrades de ändå av Filip II:s vältrimmade armé. Med detta markerades slutet för de fria stadsstaternas epok i Greklands historia.

Helst ville den nordliga monarken se en ensamhärskare eller ett oligarkiskt styre i de grekiska stadsstaterna. Detta ledde till en situation motsvarande den knappt ett århundrade tidigare, då Sparta hade hotat athenarnas oavhängighet. Precis som då företrädde oligarkerna en eftergiftspolitik gentemot den mäktiga fienden, i kontrast till demokraternas motståndsvilja.[206]

Såväl Filip II, som senare också hans son Alexander ('den store'), lät dock Athen behålla sin politiska statsform. Det blev först efter den senares död (år 323), då Athen hade lett ett misslyckat försök att driva makedonerna ut ur Grekland, som detta kom att ändra sig. Fredsvillkoren år 322 innebar både att

---

205 För detta och följande avsnitt se Furuhagen, s. 289–292.

206 Tarkiainen(1999/1959), s. 205–206; Finley (1996/1985/1973), s. 75.

hela Attika ockuperades och att den demokratiska statsordningen avskaffades.

Själva begreppet 'demokrati' sägs dock ha levat kvar som beteckning på vissa stadsstaters styresformer också under makedonsk tid. De förändringar i styrelseskicken som genomfördes under makedoniers och oligarkers herravälde lär ofta ha rubricerats som en återgång till gamla ideal, och att man därvid hänvisade till förfädernas författning.

Ordet demokrati hade en så positiv klang att åtgärder som egentligen borde betecknats som oligarkiska i stället kom att rubriceras som en förbättring av demokratin. Detta fortsatta bruk av själva begreppet demokrati förklarar varför vissa historiker anger att antikens demokrati existerade ända fram till romarnas erövring av Grekland, det vill säga ända fram till år 146 före vår tideräkning.[207]

---

[207] Tarkiainen (1999/1959), s. 207–208; Hattersley, A. F. (1930), *A Short History of Democracy*, s. 44–45; Hansen, M.H. (2012), s. 35.

DEN ANTIKA DEMOKRATINS TANKEVÄRLD

Ser vi tillbaka på den athenska demokratins framväxt kan den så här i efterhand framstå som det tämligen naturliga svaret på de problem som de athenska medborgarna, utifrån sina geografiska, försörjningsmässiga och sociala utgångspunkter, hade att brottas med. För athenarnas del tycks den demokratiska styresformen ha fungerat som det rationella sättet att utåt försvara sin självständighet och inåt undvika sönderslitande konflikter och inbördeskrig.

Men också en mycket handfast verklighet kan uppfattas på olika sätt och därmed ge upphov till mer än ett sätt att handla. Ytterst sällan har en viss lösning varit den enda möjliga. Vårt sätt att se på oss själva och världen fungerar ju i hög grad som en ram inom vars gränser vi håller oss då vi definierar våra problem och söker och accepterar olika lösningsförslag.

Betraktat ur detta perspektiv blir det intressant att studera och fundera över det grekiska och athenska tänkandet under denna tid. Vad kan ha varit speciellt med just deras sätt att tänka på sig själva och världen? Grekernas nymodighet, deras sätt att ta sitt styre i egna (om än ej allas) händer, att varken acceptera eller förlita sig på gudar eller någon egenväldig härskare, i vilka föreställningar hade den sin rot? Vad var överhuvudtaget utmärkande för de antika grekernas tankevärld? Vilka kopplingar kan man tänkas finna till att athenarna, medvetet eller omedvetet, valde att skapa den styresform som de sedan kom att kalla demokrati?

Detta är knappast frågor som kan förväntas få några entydiga eller samlade svar, men ändå frågor intressanta att fundera över. Här har jag gjort det genom att utifrån ett brett perspektiv försöka följa det nya tänkande som växte fram bland filosofer och andra inom den grekiska världen under århundradena före och parallellt med den athenska demokratins framväxt, etablering och vidareutveckling.

Självständighet, oberoende och politik

Det talas ofta om att ett utmärkande drag hos grekerna var den vikt de lade vid självständighet, att inte vara i beroendeställning till någon annan. Grekernas hälsningstecken lär ha varit en uppsträckt hand. Att böja sitt huvud till hälsning var den frie grekiske mannen främmande. Ett sådant ovärdigt tecken på underdånighet anstod blott den som kom för att söka beskydd.[208]

Att vara människa innebar för grekerna, i alla fall för männen, att själv bestämma över sina handlingar, att leva obunden av andras vilja. Grekerna sägs ha haft en föraktfull inställning till arbete. I själva verket tycks dock denna deras negativa inställning inte ha gällt arbete som sådant, utan snarare de typer av arbete i vilka man inte var ”sin egen herre”[209], alltså slavens eller den anställdes arbete.

Detta upphöjande av självständighet till ideal, och den självkänsla som detta ger uttryck för, måste vara en viktig pusselbit i den för grekerna på den tiden så unika uppfattningen att det var de själva som skulle styra sitt samhälle.

Grekerna sägs ha uppfunnit ’politik’ i den meningen att de placerade den yttersta makten inom *polis* självt.[210] Det var i dess gemenskap som regler fastställdes, rätt skipades och samhället administrerades. Politiskt var avsaknaden av en central auktoritet total. [211] Makten låg inte, som på andra håll, hos en kung eller enväldig härskare som själv avgjorde om han skulle låta sig påverkas av andras råd eller ej. Inte heller sågs makten ligga hos

---

208 Zilliacus (1980), s. 115.
209 Kitto, s. 242.
210 Finley ed. (1984/81), s. 22–24.
211 Ibid, s. 6.

gudarna eller hos några religiösa auktoriteter i världslig gestalt. Religionen existerade inte som någon central auktoritet. Om än samhällets liv var starkt genomsyrat av religiösa aktiviteter och ett intimt förhållande till gudarna, var det människorna, inte gudarna, man lät avgöra hur samhället skulle styras.

Den grekiska religionen var en kultreligion bestående av berättelser som gav anvisningar om skick och bruk, snarare än av något sammanhängande trossystem. Den grekiska religionen saknade en fastlagd teologi och det existerade aldrig, som exempelvis i Egypten och Babylon, något organiserat prästerskap med monopol på vetande och vars regler skulle följas.[212]

Den grekiska mytologin, med sina olympiska gudar, främjade snarast synen att människan var en varelse med förmåga att själv påverka sina handlingar. I den grekiska tron var gudarna inte ansvariga för allt som hände människorna. Gudarna hade sitt eget att bry sig om, de kunde inte bekymra sig om allt som människorna hade för sig. Därför fanns ett öppet utrymme där människornas egna handlingar var avgörande och där de därför också fick stå till svars för sitt handlande.[213]

Vill man söka rötterna till denna grekernas självkänsla förefaller det relevant att se tillbaka till själva uppkomsten av *polis*. Redan där kan man finna en sannolik delförklaring till grekernas ovilja till underdånighet. Jag har tidigare pekat på hur grekerna, efter de stora kungarikenas sammanbrott och de efterföljande "mörka" århundradena, kom att leva och organisera sig i små, geografiskt avskilda, av varandra oberoende, samhällen. I dessa samhällen var de utlämnade till att efter eget huvud klara sin överlevnad. De vande sig tidigt i historien vid att, tillsammans med dem de levde nära, sköta sina gemensamma angelägenheter – utan påbud uppifrån eller utifrån.

---

212 Berg Eriksen, T., Tranøy, K. E., Fløistad, G. (1985), *Filosofi og Vitenskap fra antikken til vår egen tid*, s. 21–23; Finley (1984/1981), s. 6; Finley (1996/1985/1973), s. 115.

213 Gouldner, A. W. (1965), *Enter Plato. Classical Greece and the Origins of Social Theory*, s. 103–104.

Krig, konkurrens och rationellt tänkande

Om vi betraktar *polis'* tidiga historia kan vi finna att skicklighet i krig allmänt betraktades som en ytterst viktig egenskap. I den homeriska diktningen, grekernas "bibel" och riktmärket för de unga männens uppfostran, förekommer *arete* som ett av de viktigaste positiva begreppen. Detta begrepp kom så småningom att mera allmänt få stå för förträfflighet, överlägsenhet och duglighet. Men vid Homeros tid, det vill säga på 700-talet, användes det framförallt för att beteckna skicklighet, mod och segrar i krig.[214],[215]

Det var genom krigiska insatser som de olika släkternas huvudmän uppnådde sin särskilda prestige och ära. Detta hängde inte bara ihop med behovet av att försvara sig mot anfallande fiender. De flesta *poleis* gav sig ut på egna härnadståg. Förutom det dagliga arbetet med boskapsskötsel och jordbruk var plundringar och sjöröveri nämligen de viktigaste sätten att skaffa sig tillgångar och förnödenheter. Handeln var ännu vid denna tid föga utvecklad.

Försvar och krigståg genomfördes inte av någon speciell grupp i samhället, dessa aktiviteter både bekostades och sköttes av de manliga medborgarna själva. Redan tidigt hade synsättet utvecklat sig att de som tog på sig ansvaret för *polis'* yttre säkerhet och överlevnad i motsvarande mån också skulle vara de som fattade de avgörande samhälleliga besluten. I det föregående kapitlet kunde vi följa hur detta synsätt sedan löpte som en röd tråd genom århundradena fram emot utvecklandet av den athenska demokratin.

Att vara *agathos*, det vill säga att vara modig, skicklig och lyckosam i krig, berättigade en man till flera olika fördelar: till ära

---

214 Se föregående kapitel.
215 Gouldner, s. 12.

i *polis*, till frikännande som anklagad inför rätta och till vördnad i sociala relationer.[216]

Det klassiska Greklands ära och framgångar har tillskrivits dess karaktär av kamp- och tävlansamhälle. Äregirighet och konkurrens tycks ha utgjort starka drivkrafter för grekerna i de flesta av livets skeenden.[217] Den grekiska kulturen utmärktes av personlig tävlan, där målet inte endast var att förbättra de egna tidigare prestationerna, utan framförallt att vinna över och besegra den andre. Detta manifesterade sig långt utöver krigens område. Inte bara vid de olympiska idrottstävlingarna framträdde denna *agon*, denna önskan att överträffa andra. Också vid de årligen återkommande teaterfestivalerna till gudarnas ära manifesterade den sig. Vad som dock här intresserar allra mest är att också politiken kom att utgöra en arena för denna ständiga strävan att överträffa andra.

Man kan tänka sig att denna till olika livsområden utspridda tävlingsmentalitet fick åtskilliga konsekvenser för de grekiska samhällenas utveckling. En sådan skulle då vara att man sökte sig nya vägar och bröt mot traditionella tillvägagångssätt. Med den ständiga jakten på att till varje pris överträffa den andre låg det nära till hands att värdera metoder och strategier mer med avseende på deras effektivitet, än på hur väl de passade in i den etablerade moralens normer. Det har talats om att det ständiga tävlandet befrämjade och utvecklade ett rationalistiskt mål-/medel-sätt att handla.

Man skulle emellertid kunna tänka sig att starka känslomässiga band hade haft en tillbakahållande kraft, som gjort det svårt att bryta gamla handlingsmönster. Även om situationen ställde krav på eller uppmuntrade till nya lösningar.

---

216 Ibid, s. 11, 13.

217 Se t.ex. Finley (1984/1981), s. 19–20; Gouldner, s. 13, 46; Hansen, M.H. (1986), I, s. 62; Hansen, M.H. (1999), s. 84; Zilliacus (1980), s. 16.

Just detta är ett av de teman som sociologen Alvin W Gouldner utvecklar då han söker upp de gamla grekerna för att spåra de sociala teoriernas rötter.[218] Hans tes är att det först är när starka känslomässiga band saknas som fältet på allvar ligger öppet för att ompröva invanda sätt att handla. Enligt honom tycktes de gamla grekerna fria från djupare känslomässiga bindningar till såväl materiella föremål som människor. Han pekar också på att grekerna gjorde sig ryktbara för sina svek och sin falskhet.

Gouldner hävdar att personer med svaga objektbindningar kan vara fria i sitt val av mål och medel. De låter sig inte bindas till traditioner genom djupa känslomässiga band eller genom skräckfylld tro på deras helighet. De ifrågasätter konventioner och använder sig av sin omgivning som medel utan att hindras av sina känslor.

Gouldner menar att grekernas svaga objektbindningar skulle ha hängt samman med deras uppfattning om tillvaron som obeständig.[219] De var inställda på att deras liv och lycka kunde ändras från den ena dagen till den andra. Att vara lyckosam gjorde ingen immun mot den värsta olycka. Snarast upplevdes risken vara störst för den högste att kunna bli den lägste.

Denna osäkerhet om hur tillvaron skulle utveckla sig hade sin grund inte bara i det ständiga tävlandet, där uppnådd framgång och ära raskt kunde hotas och tas ifrån en och där svek ofta tycks ha överskuggat vänskapsband. Gouldner gör också en koppling till slaveriet.

Han påtalar det faktum att slaveri utgjorde ett hot för alla individer i de grekiska samhällena. Ingen, oberoende av rang eller rikedom, kunde vara säker på att inte hamna i slaveri. För många var risken stor att de skulle mista friheten på grund av obetalade skulder. Endast i Athen kom man att avskaffa det hot som

---

218 Gouldner, s. 64–72.
219 Ibid, s. 25–28, 44.

gäldslaveriet utgjorde.[220] För alla gällde att de vid krig och förlorade strider kunde tas tillfånga och bli till fiendernas slavar.

Slaveri utgjorde med andra ord ett potentiellt hot för varje grek. Vad denna osäkerhet, inbyggd i den antika formen av slaveri, kan ha betytt för människornas önskan och förmåga till känslomässiga bindningar, kan man bara ana sig till, kommenterar Gouldner.

Att tillvaron var oberäknelig och osäker även för den mest framgångsrike stod helt i samklang med den grekiska tron på att alla överdrifter, särskilt om de gällde framgång, kunde utmana de olympiska gudarnas avund och framkalla deras hämnd. Den klyfta som fanns mellan gudarna och människorna, mellan de odödliga och de dödliga, fick människorna inte försöka överbrygga.

Denna tro på gudarnas avund och ingrepp fick ofta tjäna som förklaring till krig och social oro. Den fungerade också som försvar för den som utmanade den andres ära och ryktbarhet. Han behövde inte känna sig svekfull mot sin nästa, han kunde snarare känna sig som gudarnas agent, ute efter att å deras vägnar straffa denna människas förmätenhet och övermod.

Myter som förklaring och rättesnöre

Vad grekerna lät sig styras av, så länge stam och släktsamhället var starkt, var den egna stammens eller släktens regler och påbud. Dessa hade sina olika egna myter, det vill säga berättelser, som innehöll beskrivningar och förklaringar om hur tillvaron hängde samman. Dessa berättelser, med sina invävda regler om hur människorna skulle leva sina liv för att inte stöta sig med sina gudar, hjältar och döda anfäder, förmedlades av diktarna och sångarna vidare från generation till generation.[221] Samtidigt hade

220 Av Solon på 600–talet, se föregående kapitel.
221 Berg Eriksen m.fl., s. 16.

dock grekerna också sina gemensamma gudar och hjältar och det är dem vi idag framförallt känner till, i form av den olympiska gudakretsen och berättelserna kring den.

Kanske de allra viktigaste diktverken var de som har tillskrivits Homeros från 700-talet, det vill säga Iliaden och Odyssén. Dessa berättelser, med de förebilder som inrymdes i dem, lär ha haft en auktoritet som närmast motsvarar den senare kristna religionens bibel. I dem var det människorna som stod i centrum, men gudarna var aldrig långt borta. De följde med i det som skedde, hjälpte sina favoriter och skapade svårigheter för andra. Gudarna existerade, men man kunde inte förlita sig på dem. Hjältarna och krigarna måste lita till sig själva. Dock med respekt för gudarna, ty gudarnas makt var starkare än människornas. Att sätta sig upp mot gudarnas vilja vore att uttrycka övermod (*hybris*), något som skulle straffa sig.

En illustration till detta stod att finna i två inskriptioner i guden Apollons tempel i Delfi. Den första sentensen löd ”känn dig själv” (*gnóthi seaotón*), det vill säga att man bör veta att man bara är en vanmäktig människa, som är underkastad de allsmäktiga gudarnas vilja. Den andra löd ”intet till övermått”(*méen agán)*, det vill säga att man inte bör försöka bli till en övermänniska eller gudarnas like.[222]

Grekerna hyste alltså en överallt märkbar vördnad för sina gudar. Få handlingar vidtogs utan att man konsulterade, offrade eller delade med sig till gudarna. Skötseln av de stora religiösa festerna var hela *polis'* sak, precis som straff för hädelse och brist på vördnad. Att häda gudarna betraktades som ett allvarligt samhälleligt brott, ty det var på samhället som gudarna kunde komma att lägga ansvaret.[223] De många rituella aktiviteterna gjorde dock normalt inte intrång på de politiska besluten. Lagar och beslut fattades i namn av människor, inte i namn av gudar.

---

[222] Furuhagen, s. 163.
[223] Finley (1996/1985/1973), s. 115–116.

I grekisk religion fanns inte, så långt tillbaka som man kunnat spåra, några uppenbarelser. De svar oraklen gav gällde specifika handlingar, inte principer. För att definiera rätt och orätt hade människorna ytterst bara sig själva, sina förfäder, sina traditioner eller sina vanor att falla tillbaka på. Vid kritiska tillfällen kunde det hända att man vände sig till en lagstiftare (som i fallet med Solon) som fick i uppgift att kodifiera de rätta svaren. Detta innebar emellertid inte något avsteg från regeln att det var på människan man förlitade sig.

Härmed blev gemenskapens eller *polis'* makt total. Några absoluta gränser för de beslutsfattande existerade inte. Det fanns områden som *polis* vanligtvis inte lade sig i, men då för att man valde att låta bli eller inte tänkte på det. Några individens naturliga rättigheter som kunde inskränka *polis'* makt existerade exempelvis inte. Man tänkte inte i termer av att det fanns några, av någon högre makt sanktionerade, oförytterliga rättigheter.[224]

Men, åter till myterna. Det var med respekt för de regler som kunde uttolkas ur dessa berättelser som de styrande i *polis* länge framöver fattade sina beslut. De utgjorde fundamentet varpå de samhälleliga besluten baserade sig, också då vi hunnit så långt fram i tiden som till 400-talet och den athenska demokratins tid. De lagar enligt vilka *polis'* innevånare skulle leva skapades av människorna själva, eller mera precist av de manliga medborgarna i Folkförsamlingen. Men att detta skulle göras med respekt för gudarna ifrågasattes inte.

Så småningom räckte dock myternas svar på hur livet borde levas inte längre till för alla. Det fanns de för vilka myternas förklaringar om naturens krafter och beskrivningar av människornas plats i tillvaron inte längre kändes tillfredsställande. Därmed hade man kommit fram till de första naturfilosofernas tid.[225]

---

224 Finley (1984/1981), s. 25.
225 Berg Eriksen m.fl., s. 16.

Sökandet efter nya förklaringar och hållpunkter

Allt eftersom hade mycket förändrats. Nya befolkningsgrupper som kommit till eller växt fram passade inte in i det gamla stamsamhällets struktur och beroendeförhållanden. Det gamla släktsamhället hade alltmer fått ge vika för en organisering som tydligare än tidigare innefattade hela *polis* som en sammanhängande enhet. Genom kolonisation och handel hade man kommit i kontakt och blivit bekant med andra samhällen och andra kulturer. Man ställdes inför problem som inte gick att lösa utifrån de gamla hjälte- och gudamyternas förklaringar och rättesnören.

Det blev i utkanterna av den grekiska världen, i städerna längs Mindre Asiens kust (Jonien) och i Syditalien, som nya tankar om hur tillvaron egentligen var beskaffad började växa fram. I dessa miljöer, grundade av folk som i brist på jord tvingats bryta upp från de gamla traditionsbundna samhällena, kan man anta att förutsättningarna för nya tankar var särskilt gynnsamma. Där var man på avstånd från det strikta klansamhällets fasta grepp och man hade kommit i kontakt med andra kulturer.

I Miletos, den ledande handelsstaden i Jonien, levde och verkade på 500-talet de så kallade joniska naturfilosoferna.[226] Detta var personer som inte längre nöjde sig med myternas svar. Förklaringar kopplade till lynniga gudamakters göranden och låtanden räckte inte längre till för dem. De ville i stället begripa naturen utifrån dess egna villkor.

Hur uppstod världen? Vad består den av? Hur och varför hänger den samman? Detta var exempel på frågor de ställde sig. De undrade över alltings upphov och början (*arche*), över naturens innersta väsen (*fysis*) och världens ordning (*kosmos*). De ville genomskåda de förgängliga tingens tillfälliga oordning. De sökte en enhetlig princip ur vilken allt kunde förklaras.[227]

---

226 Eriksson, G., Frängsmyr, T. (1982), *Idéhistoriens huvudlinjer*, s. 15.
227 Berg Eriksen m.fl., s. 24; Aspelin, G. (1981), *Tankens vägar. En översikt över filosofins utveckling*, I, s. 34.

Dessa första grekiska naturforskare kom att utveckla ett antal olika teorier om tillvarons ursprung.[228] Enligt Thales, en berest köpman med många kontakter i Mellanöstern, ofta kallad en av antikens ”sju vise”, utgjorde vattnet allt levandes ursprung. Jorden var en tjock skiva som flöt på detta urämne. Frågan om hur vattnet sedan kunde förvandlas till annan materia var emellertid en fråga som inte inrymdes i hans teori.

Anaximander, en något yngre av dessa vetenskapsmän i Miletos, hävdade å sin sida att det inte gick att föreställa sig ett urämne i fast form. Urmaterian var ”utan slut”. Denna oändlighet var ett slags abstrakt materia ur vilken olika, sinsemellan oförenliga och motstridiga egenskaper och krafter uppkommit. Det var i spänningen och striden mellan dessa olika egenskaper och krafter som den biologiska skapelseprocessen en gång hade utlösts.

Den tredje av dessa pionjärerer, Anaximenes, hävdade för sin del att oändligheten i själva verket utgjordes av luften. Allt hade uppstått ur luften genom processer av förtätning och förtunning. Medan förtunnad luft kunde bli till eld, kunde förtätad luft bli till all slags fast materia. Den ständiga förändringen av luften var enligt Anaximenes den fysiska lag som drev skapelseprocessen.

Herakleitos, också han en av 500-talets joniska naturfilosofer, intresserade sig, liksom Anaximenes, för naturens omvandlingsprocesser. Också han menade att det var kampen mellan oförenliga krafter som skapade universum. Det kunde inte finnas något fast urämne och inga konstanta krafter, utan allt befinner sig i rörelse. För Herakleitos var världen en ström av skeenden där inget varaktigt eller stillastående existerade. ”Allting flyter”, ”Man kan inte stiga ned två gånger i samma flod” är sentenser för vilka Herakleitos gått till historien.

Elden var för honom alla ämnens ursprung, ur eld uppstod de och till eld återgick de. Ständigt antog den eviga elden nya ge-

---

228 Ibid, s. 41–44; Furuhagen, s. 166–167; Berg Eriksen m.fl. (1985) s. 26–29.

stalter. Alltid dock enligt bestämda mått. ”Eld bytes mot allt och allt mot eld liksom guld mot varor och varor mot guld.” Allt vi ser och förnimmer förändrar sig ständigt, det växlar, omformas, uppstår och försvinner. Men allt hänger samman och allt är i sista hand ett.

Herakleitos har beskrivits som den filosof som upptäckte idén om förändring.[229] Ditintills hade de grekiska filosoferna, påverkade av orientaliska idéer, sett på världen som ett gigantiskt byggnadsverk där de materiella tingen utgjorde byggnadsmaterialet. *Kosmos* (ursprungligen namnet för ett orientaliskt tält eller mantel) var totaliteten av alla ting. Filosofi var att undersöka det ursprungsmaterial av vilket denna totalitet, denna byggnad var uppbyggd.

Processer, i den mån man tänkte i sådana termer, trodde man pågick inom denna byggnad eller att de påverkade den. Själva byggnadens struktur uppfattade man dock som något statiskt. Herakleitos introducerade att det inte existerade något byggnadsverk, ingen stabil struktur, inget kosmos.

Dessa omvälvande tankar skulle länge komma att influera den grekiska filosofin. Parmenides, Demokritos, Platon och Aristoteles (för att gå händelserna något i förväg) tycks alla i sina teorier ha varit upptagna med att försöka lösa problemen i den föränderliga värld som Herakleitos upptäckt.

I Herakleitos filosofi förenades antagandet om förändring med en tro på det obevekliga ödets lag. Som så många andra efter honom, tycks inte heller Herakleitos utan vidare ha kunnat acceptera tanken på en ständig förändring. Också han synes ha försökt trösta sig för förlusten av en stabil värld och samhällsordning genom att utveckla uppfattningen att förändringen ändå styrdes av en lag som var evig och oföränderlig. Permenides och Platon skulle senare till och med komma att utveckla teorier en-

---

229 Popper, K. R. (1969/1945), *The Open Society and its Enemies. Vol 1: The Spell of Plato*, s. 11–14.

ligt vilka den föränderliga världen blott var en illusion, det existerade en sann värld och den var oföränderlig.

Herakleitos ville dock inte bara nå fram till en kunskap om det som förändrades. Han ville också förstå själva förändringen. Han uppfattade den som en kamp mellan motsatser. Det som framstår som kaotiska skiftningar är egentligen en ordning av motsatspar i evigt krig med varandra. Motsatserna både förutsätter och behöver varandra. Utan värme ingen kyla, utan ljus inget mörker, utan krig ingen fred, utan mättnad ingen svält. Tillsammans bildar alla motsatspar ett nät och det är detta nät - som håller tillvaron samman och tingen på plats. Det som från ett håll kan framträda som motsättningar och krig, framstår från ett annat håll som harmoni och enhet.[230]

Med förakt såg Herakleitos på den vedertagna och allmänna uppfattningen om saker och ting. Man skulle söka det förnuftiga sammanhang som dolde sig bakom tingens förvirrande mångfald. För att nå insikt om världen sådan den verkligen var beskaffad, sådan den ter sig för gudomens allseende öga, måste man höja sig över de godtyckliga privatmeningarna. Herakleitos menade sig själv genom en uppenbarelse ha blivit delaktig av denna gudomliga kunskap, av *logos* (ordet). Logos omfattade såväl de evigt sanna utsagorna, som den eviga verklighet dessa utsagor uttryckte.

Ungefär samtidigt med de nämnda naturfilosoferna i öster uppträdde i den grekiska världens västra utkanter, i staden Kroton på den syditalienska kusten, de så kallade pythagoréerna.[231] Sitt namn hade detta sällskap, bestående av både män och kvinnor, efter sin lärare Pythagoras. Denne hade enligt traditionen emigrerat från det tyranniska styret på den joniska ön Samos. För pythagoréerna handlade det vetenskapliga

230 Berg Eriksen m.fl., s. 37.
231 Ibid, s. 29–34.

sökandet om att finna sättet att uppnå frälsning från människornas hopplösa irrfärder i den materiella världen.[232]

Pythagoréerna utvecklade en själavandringslära enligt vilken naturens liv sågs som en evig rundgång av födande och död. Själarna kunde ta säte i vilken kropp som helst. Det var den enskildes livsföring och grad av renhet i detta liv som avgjorde i vilken gestalt själen nästa gång skulle ta sin boning. Om själen lyckades uppnå fullständig renhet kunde den emellertid ryckas ut ur denna rundgång av återfödelser.

En sådan rening krävde inte bara ett liv enligt stränga levnadsregler. Den högsta graden av renhet uppnådde man endast genom *theoria*, det vill säga genom ett utforskande av *kosmos*, världens ordning.

Pythagoréernas motiv för att driva vetenskap var således att de ville frigöra själen från kroppen, de ville kunna ge själen samma ordning och evighet som de fann uttryckt i naturens oföränderliga lagar.

Liksom de övriga naturforskarna utgick pythagoréerna från att naturen och dess växlingar var förnuftiga, oföränderliga och möjliga att begripa. Tingen i världen består av ett obestämt ämne, men deras egenskaper kan mätas, vägas och räknas. Dessa egenskaper gör tingen till något bestämt. Dessa egenskaper, som kan uttryckas i tal, gör tingen begripliga för tanken.

Pythagoréerna blev de som skapade grunden för den matematiska vetenskapen i Grekland. I både Egypten och Babylon hade det funnits matematiker före Pythagoras. I Egypten hade matematiken utvecklats ur de landmätningar man tvingats göra för att fördela jorden efter Nilens regelbundet återkommande översvämningar. I Babylon användes matematiken inom astrologin och för kalendariska beräkningar. Det var dock först med pythagoréerna, som stod utan sådana konkreta och praktiska syften, som matematiken utvecklades till ett själv-

---

232 Aspelin (1981), I, s. 46–47.

ständigt tankesystem. De matematiska studierna fick ett värde i sig.

Pythagoréernas tillit till matematiken lär ha styrkts då de fann att den också var nyckeln till astronomin och musiken. Av sina astronomiska studier drog de slutsatsen att himlakropparnas rörelser bestämdes av talförhållanden och de upptäckte det bestämda sammanhanget mellan tonhöjden och längden av den vibrerande strängen. För dem var hela universum ett gigantiskt stränginstrument.

Pythagoréerna renade själen med musik och kroppen med medicin, lär man ha sagt redan under antiken. De var också vitt berömda som läkare. Sjukdom uppfattade de som disharmoni eller bruten jämvikt. I en sund kropp rådde jämvikt mellan kroppens motsatta element. Liksom tonerna i en harmoni måste finna sin rätta plats, måste kroppens delar foga sig efter varandra.

Det kan infogas att läkarvetenskapen allt eftersom utvecklades i riktning mot en självständig forskningsgren. Hippokrates och hans skola på ön Kos bekämpade, liksom naturfilosoferna, alla magiska föreställningar om sjukdomar och deras uppkomst. Sjukdomar var naturliga fenomen, med naturliga förklaringar. De polemiserade dessutom mot sådana spekulativa läkare som ringaktade generationers samlade praktiska erfarenheter.[233]

Vetenskapen om det medicinska tycks ha blivit den kanal varigenom naturfilosofin och önskan om att söka naturliga orsaker spred sig ut bland bredare befolkningsgrupper. En starkt bidragande orsak kan ha varit sjukdomarnas offentlighet. Sjukdomar framträdde framförallt som epidemier och pester och alla lär ha varit intresserade av att försöka finna deras rätta förklaringar. De medicinska tankemönstren och begreppen med deras betoning av jämvikt och harmoni kom att påverka hela kulturen i antikens *polis*.[234]

---

233 Ibid, s. 54

234 Berg Eriksen m.fl., s. 52–53.

Men då har man hunnit in på 400-talet. Innan vi fortsätter med denna tid skall vi dock stanna upp inför filosofen Parmenides, också han verksam i Syditalien. Denne brukar presenteras som Herakleitos motpol. Med sina betraktelsesätt stod de i direkt motsättning till varandra. När vi tror att allt förändras, har vi just fallit offer för våra bedrägliga sinnesintryck, var den uppfattning Parmenides förfäktade. I själva verket, menade han, förändras ingenting.[235]

Den sanna verkligheten, som är evig och oföränderlig, kan inte uppfattas av våra sinnen, blott av våra tankar. Våra sinnesförnimmelser ger oss otillräckliga eller direkt felaktiga besked, i stället måste vi lita på förnuftet. Det är vårt förnuft och våra tankar som skall leda oss till sanningen om det eviga ”varat”, det som är evigt och oföränderligt.

Parmenides hade uppnått sin insikt genom gudomlig uppenbarelse. Det var så han hade insett att endast ”det varande” kunde vara det verkliga. Förändring skulle förutsätta existensen av såväl ”vara” som ”icke-vara”. Men detta icke-varande kan inte tänkas och existerar därför inte. Eftersom ”icke-varandet” inte finns blir också förändring en omöjlighet. Det faktum att sinnena visar på växlingar och förändringar innebär endast att sinnena inte är att lita på. Det utgör ett bevis för att de bedrar oss.

Parmenides formulerar alltså tanken att våra sinnesförnimmelser ger oss otillräckliga eller direkt felaktiga besked. Han framhävde förnuftets och den logiska bevisföringens metod gentemot observationer och slutsatser byggda enbart på sinneserfarenhet.

Stannar vi upp något och blickar tillbaka kan vi se hur olika tänkare i sitt sökande efter kunskap om tingens natur och universums struktur hamnade i olikartade tankar och ståndpunkter. Vissa hävdade alltings beständighet och oföränderlighet medan andra i stället förfäktade alltings ständiga förändring. Men

---

235 Berg Eriksen m.fl., s. 38–39; Eriksson och Frängsmyr (1982), s. 17–18.

det fanns också de som hamnade mittemellan, det vill säga någonstans mellan principen om det varaktiga och det föränderliga.

En av dessa var Empedokles, från Sicilien, på 400-talet. I sin så kallade elementlära framlade han en teori om att det existerade fyra ursprungliga element, nämligen de oförgängliga urämnena eld, vatten, jord och luft. Dessa kunde kombineras med varandra i olika blandningar och på så sätt uppstod tillvarons alla företeelser. Förändring uppstod då de oföränderliga elementen ömsom gick samman, ömsom gick i sär. Elementen påverkas hela tiden av två motstridiga krafter, där den ena försöker sammanföra dem, den andra skilja dem åt.[236]

Också den så kallade atomläran försökte förena principen om det varaktiga med principen om det föränderliga i ett och samma tankesystem. Demokritos från staden Abdera längs Egeiska havets norra kust är den mest namnkunnige av dess företrädare. Inom denna lära såg man på alla ämnen som sammansatta av små odelbara partiklar, atomer (*atomos*, odelbar), vilka rörde sig i det tomma rummet. Dessa atomer, oändliga till antalet, var lika i det att de bestod av samma material. Däremot var de olika till storlek och form.[237]

Tingen uppstod genom att atomerna hakade i varandra och bildade större kroppar. Också själen utgjordes av ett komplex av atomer. Allt, till och med de gudomliga makterna, bestod av anhopningar av atomer. Förändring uppstod då atomerna kombinerade sig på nya sätt. Inget skedde dock av en slump. Allt sker i enlighet med de oföränderliga mekaniska lagar som styr atomerna.

Också Demokritos gjorde, liksom Herakleitos och Parmenides, en åtskillnad mellan en objektiv och en subjektiv verklighet. Han skilde mellan sådana egenskaper som fanns inneboende i tingen själva och sådana egenskaper som

---

236 Berg Eriksen m.fl., s. 40–43; Eriksson och Frängsmyr (1982), s. 18.
237 Berg Eriksen m.fl., s. 43–45; Eriksson och Frängsmyr (1982), s. 19.

människorna genom sina sinnesförnimmelser tillskrev tingen. De enda egenskaper som fanns i tingen var storlek, tyngd och form. Alla övriga egenskaper som människan upplevde hos tingen berodde på hennes sinnesorgan, på hur atomernas rörelser hade gjort intryck på hennes sinnen.

Dåtida historikers funderingar kring grekernas värld

Också historiens värld blev under 400-talet föremål för forskning och reflexioner. Herodotos räknas till en av historieskrivningen fäder. Han var själv inte athenare till ursprunget, men han tillhörde i Athen de intellektuella i kretsarna kring Perikles.[238]

Det var perserkrigen (490 och 480) som utgjorde bakgrunden för Herodotos verk. Han rullar upp raden av motsättningar mellan öst och väst, mellan barbarer och greker, mellan despoti och demokrati, mellan högmod och gudsfruktan. Det som kampen egentligen handlade om var, enligt Herodotos, grekernas frihet och självbestämmande kontra perserväldets despoti.

För Herodotos var historien inte ett virrvarr av tillfälligheter, utan ett drama där osynliga regissörer ledde händelsernas gång. De handlande personernas framgång och ofärd stod i gudarnas eller ödets händer. Alltför stor lycka kunde förebåda undergång, gudarna var avundsamma och ingenting var därför bestående i människornas liv. Samtidigt som Herodotos trodde på de nyckfulla makternas lek med människorna trodde han på att det existerade en moralisk världsordning i vilken förbrytare och högmod bestraffades.

Herodotos byggde sitt verk på vad han läst i böcker och erfarit under sina vidsträckta resor. Han hade genom sina geografiska utblickar upptäckt att världen var stor och mångfaldig och han betonade något som man i de filosofiska kretsarna

---

[238] Aspelin (1981), I, s. 55–56; Berg Eriksen m.fl., s. 46–49.

alltmer skulle komma att uppmärksamma, nämligen att det rådde skillnader mellan olika folks seder och rättsföreställningar.

Herodotos var klar över att all information inte var lika tillförlitlig och han reflekterade över vittnens trovärdighet. Störst vikt lade han vid sådant han sett med egna ögon. Han föredrog naturliga förklaringar, där sådana fanns. Men vad som på ett avgörande sätt skilde Herodotos från den efterkommande Thukydides var att när det fattades honom en naturlig förklaring, fyllde han i med en övernaturlig.

Som den ”verklige” historikern räknas därför Thukydides, skildraren av Athen och peloponnesiska kriget. Där Herodotos informanter levde i en tid där man fortfarande ofta saknade känsla för skillnaden mellan myt och verklighet, så hade Thukydides, som skrev trettio år senare och dessutom om mera näraliggande förhållanden, att göra med människor som vant sig vid att skilja mellan legend och verklighet.

Herodotos intresse hade varit brett kulturhistoriskt, det han skrev var snarast en mindre världshistoria. Thukydides intresse var mer avgränsat, han ville förstå de politiska händelsernas sammanhang. För honom existerade inga rättsvårdande gudar, det avgörande för honom var makten och hur den användes. Han lär ha varit en stark patriot som besviket sörjde Athens politiska sammanbrott. I Perikles hade han sett den ideelle statsmannen. För Thukydides var nämligen Perikles en statsman som förvärvat makt utan otillbörliga medel, som inte försökt ställa in sig hos folket, som vågat säga emot mängden och som förstått att skrämma de övermodiga och ge tillförsikt åt de modlösa.

Sofisterna, relativism och behovet av politiska färdigheter

Athen, som fortfarande på 500-talet hade varit något av en tillbakastående stad, hade under 400-talet utvecklats till den grekiska världens centrum. Detta gällde också inom tänkandets område. Ibland omtalas rentav perioden 480 till 430 i Athen som en dåtida upplysningstid. Respekten för gamla seder och trosföreställningar var liten. I detta klimat kunde den vetgirige få många olikartade svar på sina frågor. Svaren kunde bli så många och så motsägande att en skeptisk resignation låg nära till hands. Man kan säga att ett relativistiskt förhållandesätt började få fotfäste.[239]

Samtidigt var behovet av nya sorters kunskap stor hos dem som nu alltmer deltog i det politiska livet. Man behövde kunna övertala stora människomassor. Man behövde kunna hävda sig inför folkdomstolarna och klara av ämbetsuppdragen. För detta behövdes speciella kunskaper.

Dittills hade man inte sett på detta som något som kunde läras, den kunskap som behövdes i politiken hade ansetts följa med den rätta börden.[240] Det hade hört till de unga männens bildning att känna till filosofernas teorier om kosmos, men vad som nu behövdes var att tillämpa filosofin på ”de mänskliga tingen”.

De som skulle komma att göra detta var sofisterna. Det var dessa som förde de nya vetenskapliga tankesätten vidare till att handla om människorna och *polis.*

Sofist (av *sofos:* vis) var ursprungligen ett hedersnamn som gavs åt män som ansågs särskilt kunskapsrika och praktiskt dugliga.[241] Framme vid 400-talets mitt hade dock namnet sofist mera specifikt kommit att användas för de kringvandrande lärare som uppträdde i Athen och andra städer och som erbjöd sina tjänster mot betalning. Det var dessa sofister som undervisade de unga manliga medborgarna i sådant som kunde vara till nytta i det offentliga politiska livet.

De flesta av dem undervisade i någon fackdisciplin, till exempel i matematik, astronomi, naturfilosofi, musik, historia eller konsten att föra ett fältslag. Gemensamt för dem alla var

---

239 Aspelin (1981), I, s. 57.
240 Berg Eriksen m.fl., s. 55.
241 Nordisk Familjebok, band 26 (1917), spalt 264.

dock att de även undervisade i *retorik* (politisk vältalighet) och i hur man skulle bli en god medborgare.[242]

Förmågan att argumentera för sin sak hade blivit allt viktigare när gamla traditioner och rättesnören inte längre hade samma styrka som förr. Den som talade kunde inte heller som tidigare förlita sig på att hans börd eller rikedom skulle ge tyngd åt de argument han lade fram. Den som ville göra sin stämma hörd och få andra med sig måste helt enkelt kunna tala väl.

Men undervisning i politisk argumentation hade dittills inte ingått i den utbildning som stått till buds. Det de unga männen kunnat lära sig var att läsa, skriva och räkna, att musicera och att recitera Homeros dikter. Det blev sofisterna som med sin undervisning kunde möta de nya kunskapsbehoven. Att överhuvudtaget bli undervisad av professionella lärare var något nytt, och har beskrivits som en revolution i den grekiska utbildningshistorien.[243]

Det är svårt att få grepp om sofisterna. Eftervärldens bild har i hög grad formats av deras motståndare, varav filosofen Platon kanske var den främste eller åtminstone den idag mest kände. I hans skrifter får sofisterna alltid uppträda med arrogans och i diskussionerna alltid dra det kortaste strået.

Att sofisterna, eller åtminstone vissa av dem, ansåg sig kunna undervisa i *arete*[244] (medborgardygd), att de bjöd ut sina tjänster mot betalning var, tillsammans med det faktum att de inte accepterade att det existerade någon förpliktande sanning, något nytt och främmande. För många var det skrämmande.[245]

Arete var, som nämnts, något man hade ansett följde av födseln, inte något som kunde läras in. Att köpa och sälja var något som hade ansetts ovärdigt den frie medborgaren, åtminstone den som var av gammal bördsaristokrati. Till detta

---

242 Hansen, M.H. (1986), II, s. 191, 194–195.

243 Finley (1996/1985/1973), s. 131.

244 Angående begreppets historia se tidigare avsnitt om den homeriska diktningen.

245 Berg Eriksen m.fl., s. 59.

kom att kunskap var något man sökte för dess egen skull, inte något man sökte för nyttans skull. När därför sofisterna mot betalning erbjöd undervisning i sådant som kunde vara till nytta i det politiska livet innebar detta att ställa mycket på huvudet.

Det kan vara viktigt att påpeka att sofisterna ingalunda utgjorde någon enhetlig grupp med en enhetlig grundsyn. Vissa menar att sofisternas tänkesätt skulle ha karakteriserats av empirism, rationalism, relativism, individualism, ateism och kulturoptimism. Men trots att det mesta skriftliga materialet har gått förlorat, anser man sig ändå kunna konstatera att likaväl som det fanns åtskilliga sofister som hävdade sådana nya tankesätt, fanns det också andra som företrädde en äldre och traditionell livshållning.[246]

En central distinktion för sofisterna blev den mellan *fysis* och *nomos*. Med fysis (egentligen natur) avsågs det naturbestämda och med nomos (egentligen lag, konvention) det kulturellt och av människor bestämda. Var samhällets inrättningar och moralbegrepp grundade i tingens natur och därmed konstanta? Eller var de resultatet av överenskommelser och mänskliga påbud? I det senare fallet vore de ju, liksom alla andra mänskliga skapelser, föränderliga och möjliga att ändra.[247]

Detta – att det skulle finnas vissa aspekter av tillvaron som var skapade av människorna och därmed föränderliga – var vid denna tid något nytt och oerhört. Att hävda kultursfären som något självständigt vid sidan av det naturbestämda var ett revolutionerande brott med tidigare tänkesätt. Stamsamhällets ”mytiska” vetande hade handlat om att känna till tillvarons eviga och oföränderliga plan, till vilken man sedan genom riter och fester hade att tillpassa sig. Också naturfilosoferna hade tänkt i termer av att anpassa sig. Att kosmos eller naturen skulle vara

---

246 Hansen, M.H. (1986), II, s. 194.
247 Aspelin (1981), I, s. 74.

något som människorna själva skulle kunna påverka hade också för dem varit en helt främmande tanke.[248]

Inte minst genom sitt kringresande hade sofisterna gjort iakttagelsen att samhällsformer och moralbegrepp kunde variera, att olika folk ofta hade olika samhällsformer och moralbegrepp. Detta gick för dem inte ihop med de äldre naturfilosofernas uppfattning om naturens oföränderliga ordning som alltings måttstock. Om skick och bruk vore naturgivna skulle de ju svårligen kunna förändras eller vara olikartade. Den slutsats sofisterna drog var att normer och bruk var verk av människor.

Retorik och politisk påverkan

Det har redan nämnts att sofisterna var lärare av argumentation och vältalighet (*retorik*). Med denna sin lära tillfredsställde de det behov som vuxit fram bland alltfler medborgare, nämligen behovet av att kunna tala för sin sak i offentliga sammanhang.

Det var olika typer av tal som kunde behöva hållas. Man skilde mellan folktalen, rättstalen och festtalen. Folktalen var de som hölls inför Folkförsamlingen och gällde ett politiskt förslag. Talaren var antingen anhängare eller motståndare till förslaget i fråga, medan åhörarna var de som skulle rösta om förslaget. Rättstalen i sin tur hölls inför folkdomstolarna och gällde rättssaker. De handlade om huruvida en viss handling varit rättfärdig eller ej. Den som talade var antingen den anklagade själv eller den som anklagade, medan åhörarna var de hundratals jurymedlemmar som skulle fälla dom i saken. Festtalen, slutligen, var olika sorters ceremonital, exempelvis de gravtal som varje år i Athen hölls för dem som under året stupat i krig.[249]

Att tala och diskutera lär i mycket ha betraktats som en form av *agon* (tävlan), en uppgörelse mellan företrädare för motsatta

---

[248] Berg Eriksen m.fl., s. 56–58.
[249] Hansen, M.H. (1986), II, s. 192.

ståndpunkter. Sett ur detta perspektiv framstår talandet och diskuterandet som ett uttryck för den allmänna tävlingsanda som genomsyrade det grekiska samhället. Men talandet som en form av tävlan förstärktes också av de kunskapsteoretiska tankar som kommit att utvecklas bland sofisterna, nämligen att det aldrig existerade någon enda sann uppfattning i en fråga.

Sofisterna hävdade att allt varseblivande, alla föreställningar och alla idéer var subjektiva företeelser. För den enskilde blev det sant som utifrån de egna iakttagelserna, föreställningarna och tankarna föreföll honom eller henne vara det sanna. Människans uppfattningar påverkades av hennes känslor. Med en ändrad sinnesstämning kunde därför sanningen se annorlunda ut. Av detta drog sofisterna slutsatsen att angående varje fråga kunde åtminstone två motsatta, men båda lika trovärdiga, omdömen fällas.[250]

Vidare hävdade man att vid sidan av de enskilda individernas olika iakttagelser och uppfattningar, omdömen och sanningar fanns också de som var gemensamma för hela den sociokulturella gruppen. Dessa framträdde som sociala konventioner och det var på dem som enheten och enigheten inom *polis* berodde. I regel hade dock samhällets medlemmar inte förmågan att själva upptäcka dem.

Sofisterna drog två slutsatser. För det första att det var uppfostrans sak att se till att de sociala, det vill säga gemensamma, iakttagelserna, föreställningarna, omdömena och sanningarna blev mer kända och accepterade av individerna än de egna subjektiva. För det andra menade sofisterna att när en talare väl hade lyckats övertyga sina åhörare om trovärdigheten i sin ståndpunkt, så var detta ett uttryck för att åhörarna hade känt sig övertygade om att denna ståndpunkt överensstämde med och bekräftade den gemensamma sociala tolkningen och sanningen.

---

[250] Gällande detta och följande avsnitt se Baumhauer, O. (1986), *Die sophistische Rhetorik. Eine Theorie sprachlicher Kommunikation*, s. 200–206 .

Talarens medel utgjordes givetvis av språket. Men därutöver också av hans mimik, gester, kroppsrörelser och hela det sätt varpå han uppträdde privat och offentligt. Talaren satte sin stolthet i att med hjälp av alla dessa medel vinna de andras samtycke. Det var nämligen häri som alternativet ansågs ligga till att använda våld för att skapa enighet och enhet i *polis*.

Om övertalan skulle ha möjlighet att fungera som alternativ till våld blev det naturligtvis väsentligt hur språket fungerade. Därför blev språket, särskilt diktarnas, men också prästernas, magikernas och naturfilosofernas språk, föremål för de sofistiska retorikernas undersökningar. Vad utgjorde ett korrekt talande och skrivande? Vad kunde överhuvudtaget åstadkommas genom språket? Med vilka medel trollband man en publik? Men vilka medel talade man till dess känslor, styrde dess föreställningar eller väckte nya? Hur formulerade man ett verksamt argument? Hur fick man ett visst sakförhållande att framstå som trovärdigt?

För att söka svaren på sådana frågor gick man empiriskt tillväga. Den sofistiska retoriken skulle därför kunna beskrivas som en på observationer grundad teori om språklig kommunikation. Man studerade både muntliga och skriftliga framställningar ur det förflutna som haft genomslagskraft och man sökte efter vad som gjort dem framgångsrika. Det var på denna grund som retorikens regler arbetades fram.

Språkets ord betraktade man som tecken som hänvisade till, stod för och kunde användas i stället för den iakttagbara yttervärlden. Dessa tecken hade sin egen realitet, de var förbundna med och påverkade människors känslor, tänkande och förståelse. Retorik var läran och vetandet om hur människans inre påverkades av *logos*, av orden.

Språket var ett verk av människorna, orden var samhälleliga konventioner. Samma ord inverkade inte på samma sätt på alla människor, inte heller alltid på samma sätt på samma människa. Det pågår en strid om ordens betydelse, ständigt måste en social konsensus om deras betydelse återskapas. I särskilt hög grad gällde detta för sådana begrepp som implicerade värderingar och omdömen. Samtidigt är det just sådana begrepp som det var viktigast för *polis* att nå enighet om.

Retorikens teori hade i hög grad som utgångspunkt att kommunikation i första hand rörde sig om det emotionella–affektiva och först därefter det rationella–intellektuella. Vad som förmår fascinera en publik är inte talarens tankar och tankegångar i sig. Det är de språkliga uttryckens estetiska kvaliteter som fångar publikens uppmärksamhet och än mer är det talarens framställningssätt och allra mest hans mimik, gester, kroppsrörelser, uppträdande och allmänna framtoning.

Om innehållet överhuvudtaget skulle göra intryck på åhörarna måste det ge uttryck åt dessas egna föreställningar och känslor. Det sagda måste tankemässigt bekräfta de uppfattningar de åhörande redan har. Till retorikens vetande hörde därför att i en kommunikation med många kan man inte lära någon något nytt eller få någon på andra tankar. Vid masskommunikation är det bara möjligt att vinna auditoriets instämmande och samtycke. Undervisande och lärande förutsätter det personliga samtalet.

Retorikens vetande koncentrerade sig på själva talandet. Att allt det som omgav talandet var av stor betydelse var sofisterna mycket medvetna om. Men teoretiskt behärskade de det inte. För sådant som framförande, mimik, gester och kroppsrörelser hade man därför inga handlingsanvisningar, av det slag som inrymdes i retoriken.

Retorikens teoretiker: sofisterna Protagoras och Gorgias

Till de mest kända sofisterna hör Protagoras och Gorgias. Båda har gjort sig bekanta för sina filosofiska sentenser, Protagoras bland annat för sitt uttalande om att ”Människan är alltings mått” och Gorgias i sin tur för sina tre satser ”Intet är. Om något funnes, skulle jag inte kunna veta något därom. Om jag visste något, skulle jag inte kunna meddela min kunskap till andra.”

Protagoras och Gorgias tillhörde den stora grupp intellektuella, filosofer och författare, som vid Perikles tid hade kommit att samlas i Athen. Med sina sentenser sammanfattade de mycket av innebörden i dåtidens nya tankar. Det var tankar som störde många, men för sådana som Perikles var de stimulerande. De passade ju väl samman med det demokratiska Athen där argumentation och debatt skulle utgöra grunden för det politiska beslutsfattandet.[251]

Protagoras lär ha utvecklat mycket av sina tankar i direkt motsättning till Parmenides. Denne hävdade, som nämnts, att den sanna verkligheten var evig och oföränderlig, det är endast genom våra bedrägliga sinnesintryck som den framstår som föränderlig och i rörelse.

Sofisten Protagoras gick inte in i diskussion med Parmenides om kosmos eller tillvarons sanna beskaffenhet. Det han vände sig mot var Parmenides slutsatser. Protagoras ville inte gå in på frågan om huruvida det som var verkligt förändrades eller ej. Protagoras sökte inte någon teori om kosmos beskaffenhet. Det han ville hävda var att en teori om kunskap måste ta sin startpunkt i vad människorna själva kan veta.[252]

Det var tydligen inte Parmenides uppdelning mellan sann kunskap och människornas bedrägliga erfarenheter som Protagoras ville ifrågasätta. Det han motsatte sig var Parmenides anspråk på att människorna, genom förnuftets hjälp, överhuvudtaget var kapabla att komma till en djup och exakt insikt i tillvarons sanna natur. Vi kommer troligen aldrig att få vetskap om kosmos sanna natur, hävdade Protagoras. Den enda verklighet vi har tillgång till är den som utgörs av våra egna erfarenheter. Människan blir måttet för allt.

Det varseblivna och varseblivningen uppträder alltid tillsammans. Varseblivandet är mötet då någonting utifrån kom-

---

[251] Aspelin (1981/51), I, s. 73; Berg Eriksen m.fl., s. 59; Furuhagen, s. 248.

[252] Farrar, s. 48.

mande åstadkommer ett intryck hos subjektet. Det är om hela detta komplex det handlar. Falsk kunskap, i bemärkelsen att den ej stämmer överens med ”föremålet”, existerar inte. Det finns inget objekt oberoende av att man varseblir det. Det som inte uppenbarar sig för människorna har ingen verklighet.[253]

Att vars och ens förnimmelser och föreställningar är lika sanna som någon annans betyder däremot inte, enligt Protagoras, att de alla också skulle vara lika bra och nyttiga. Det någon vet kan visserligen inte vara falskt, men det kan vara mer eller mindre bra, mer eller mindre brukbart. Det existerade enligt Protagoras nämligen en social hierarki av vetande.

För Protagoras var människan inte bara en förnimmande varelse, hon var också en varelse med omdömesförmåga. Men alltid var det sina erfarenheter hon hade som utgångspunkt. Protagoras vände sig mot alla teorier eller sätt att förstå som inte tog sin utgångspunkt i människornas personliga erfarenheter. Det var endast genom att analysera och jämföra sina personliga erfarenheter som människorna kunde besvara frågor om hur något förhöll sig.[254]

Protagoras lär ha varit den första att hävda att det alltid fanns åtminstone två varandra motstående argument i alla frågor. Han lär under sin tid ha varit ryktbar för sin förmåga att argumentera för båda sidor av en fråga och att kunna göra det svagare argumentet till det starka. I diskussioner om kunskap, likaväl som i politiska diskussioner menade han att alla påståenden kunde ifrågasättas. Ingen kan triumfera över den andre genom att hänvisa till någon priviligierad insikt om hur det verkligen ligger till.

Poängen med att undersöka två motsatta påståenden var att man därigenom skulle upptäcka det bättre argumentet. Argumenten skulle värderas i kraft av sin övertygande förmåga, sin rimlighet och trovärdighet. Det fanns utrymme för visdom,

---

253 När annat ej anges se Baumhauer, s. 183–197 .

254 Farrar, s. 49–50.

för att kunna säga emot eller rätta andra, men inte om det saknade anknytning till människornas erfarenheter.[255]

Emellertid hade inte bara de enskilda människorna sina erfarenheter, förnimmelser och föreställningar. Det hade också *polis*, det vill säga också medborgarna tillsammans som helhet. Men lika lite som den enskilde av sig själv, "av naturen", klarade av att uppfatta det goda gjorde *polis* det. Båda behövde upplysas. De behövde upplysas av dem som besatt visdom och för vilka det goda var synligt och som dessutom hade förmågan att påverka de övrigas sinnestillstånd dithän att de i stället för det dåliga blev i stånd att se det goda och det nyttiga. Häri låg enligt Protagoras sofisternas uppgift.

Sofisternas uppgift var alltså inte att förmedla sanningar, sådana existerade ju inte. Deras uppgift låg i att påverka såväl den enskildes som *polis'* natur så att dessa skulle kunna uppfatta och se det goda och det nyttiga.

Eftersom var och en besitter sin egen subjektiva verklighet gäller det att i *polis* hela tiden på nytt åstadkomma en social konsensus om det rätta, goda och nyttiga. Detta kan bara åstadkommas med hjälp av visa mäns ord, i språklig kommunikation. Här ligger retorikens samhälleliga uppgift. Ord och begrepp är inte annat än sociala konventioner. Ständigt måste det skapas enighet om vad ord som exempelvis rätt, laglig och nyttig skall betyda. Att försätta såväl den enskilde som *polis* i ett sådant tillstånd att det goda, det bästa, blev synligt var för Protagoras retorikens grunduppgift.

Protagoras var den äldste av sofisterna, han föddes kring år 490. Under sina vistelser i Athen tycks han ha haft nära kontakter med Perikles och har, genom Platons dialoger, gått till historien som demokrat.

Enligt Protagoras var det nödvändigt för människorna att leva i ett samhälle om människosläktet skulle överleva. Och för

---

[255] Ibid, s. 63–64.

att ett samhälle i sin tur skulle kunna bestå krävdes det att alla lärde sig politikens konst.

Alla människor har olika anlag, för såväl politik som för annat. Alla kan emellertid genom lärande förbättra sina anlag. I fråga om de flesta färdigheter kan det vara fördelaktigast med en samhällelig arbetsdelning. Däremot bör alla, enligt Protagoras, delta i *polis'* angelägenheter, vilket i sin tur betyder att alla behöver lära sig politikens konst. Alla måste både kunna vara goda medborgare och lyda lagen och kunna styra *polis*.

I en oligarki råder arbetsdelning och olikhet vad gäller den politiska förmågan. Men inte i det demokratiska *polis*. Där råder ingen politisk arbetsdelning. De mest kunniga och dugliga medborgarna undervisar de övriga. Genom möten och kontakter i det politiska livet får där alla, inte bara sönerna till de kunnigaste och dugligaste medborgarna, möjlighet att uppnå den kompetens som behövs och som de också är förmögna att uppnå.[256]

Den andre av de nämnda sofisterna, Gorgias, gjorde sig i motsats till Protagoras inte alls känd som demokrat. Men, liksom Protagoras, utvecklade också han sitt tänkande i motargumentation till Parmenides kunskapssyn.

För Gorgias existerade inte heller någon evig sann och oföränderlig verklighet, som man genom tänkandet kunde komma fram till. Verkligheten fanns bara till som föremål för det varseblivande och tänkande subjektet.

Tänkandet var dessutom oberoende av den yttre verkligheten. Människan kunde tänka på såväl det hon varseblivit, som det hon inte hade varseblivit. Den mänskliga tankeförmågan var inte beroende av sinnesorganen och de sinnliga förnimmelserna. Vad som var verkligt, vad som var sant eller falskt, avgjordes inte via sinnesförnimmelserna. Det avgjordes av tänkandet och den mänskliga omdömesförmågan. Det var den tänkta verkligheten som gällde.

---

[256] Ibid, s. 83; Hansen, M.H. (1986), II, s. 199–200.

Människorna meddelar sig med varandra genom ordet (*logos*). Orden betecknar de existerande tingen, men de är inte detsamma som tingen själva. Det är människans sinnesförnimmelse av det yttre som hos henne kallar fram det ord som hör till just denna varseblivning. Det är på så sätt som tingen i den yttre världen ger orden deras betydelse.

De olika tingen i yttervärlden varseblivs och uppfattas av de respektive sinnesorganen. Synliga ting uppfattas av ögat, hörbara ting av örat. Färger ser man och toner hör man. Orden, tecknen, har däremot sin egen speciella existens. De uppfattas inte av sinnesorganen, utan av sitt eget organ, av människans tänkande och omdömesförmåga.

Tingens sinnligt förnimbara egenskaper kan inte tänkas. Ändå råder alltså via orden ett samband mellan dem och tänkandet. Det är nämligen sinnesförnimmelserna av den yttre världen som gett orden deras betydelser.

Endast det man genom sina egna tidigare sinneserfarenheter gjort sig en föreställning om kan man via orden ta till sig. Eftersom ordens betydelse beror av varje enskild individs egna sinneserfarenheter och eftersom inga två individer besitter samma erfarenheter och föreställningar, blir det omöjligt för ett ord att betyda detsamma för både den som talar och den som lyssnar. Inte ens för samma person kommer ett ord alltid att betyda det samma.

Skall en talare och hans åhörare förstå och tolka orden på ett överensstämmande sätt måste de båda alltså befinna sig i samma tillstånd och sinnesstämning. Både Protagoras och Gorgios framhävde betydelsen av ”det rätta ögonblicket”, *kairos*, och förde in detta som ett viktigt element i retorikens lära. Talaren måste anpassa sig till den rådande situationen. Särskilt måste talaren anpassa sig till åhörarens psykiska sinnesstämning i urvalet och uppbyggandet av sina bevis, sina argument och sin stil.

Men *kairos* som retorisk princip betydde inte bara att den talande skulle utgå från och anpassa sig till den aktuella och rådande situationen. Den handlade också om något mycket mera aktivt, nämligen att det gällde för talaren att själv skapa den psykosociala situation i vilken talarens och åhörarnas sinnesstämningar stod i överenstämmelse med varandra.

Retorikens framväxt har ofta kopplats samman med införandet av demokrati. Man talar om Teisias och Korax från Siracusa som retorikens fäder. Efter införandet av en demokratisk författning i Siracusa följde en rad rättsprocesser och det skulle ha varit i samband med dessa som vältalighetskonsten först utvecklades. Man behövde kunskap om hur man skulle lägga fram sin sak inför domstolen. Från dessa sicilianska trakter skulle sedan sofisten Gorgias, troligen år 427, ha fört retorikens konst vidare till Athen. Retorikens tidiga vagga skulle således ha stått i den grekiska världens två största demokratiska stadsstater.[257]

Enligt andra framställningar[258] fanns det i Athen, redan vid tiden för Gorgias ankomst, en tradition av högt utvecklad vältalighet. Exempelvis hade såväl Themistokles och Perikles, båda då redan avlidna, gjort sig kända som framstående talare. Traditionen med vältalighet har också tillskrivits en ännu längre historia, via Kleisthenes och Peisistratos tillbaka till Solon, alltså till århundradeskiftet mellan 600- och 500-talen.

Det tycks vara rimligt att tro att den sicilianska retorikläran var känd i Athen före Gorgias' ankomst, exempelvis via Protagoras som redan kring år 450 skall ha kommit till Athen och rört sig i kretsarna kring Perikles. Att det allmänna intresset för retorik vid tiden för Gorgias ankomst, kring år 427, tycktes ha varit fullt utvecklat tyder också bland annat Thukydides verk och Aristofanes komedier på.

---

257 Baumhauer, s. 94–96; Hansen, M.H. (1986), II, s. 192–193.
258 Baumhauer, s. 96–98.

Sokrates, Platon och Aristoteles: tillbaka till eviga principer

Det grekiska 400-talet uppvisade något nytt – ett tänkande som speciellt handlade om det politiska. Det är värt att påminna sig att detta verkligen var något helt nytt. Själva tanken att man skulle kunna reflektera över det politiska som något särskilt i sig var ny.

Utan att göra sig skyldig till alltför stora förenklingar kan man nog blicka tillbaka och säga att det första steget mot ett politiskt tänkande togs när människornas (eller åtminstone några filosofers) inställning till naturen ändrades. Detta drastiska steg var när de första grekiska naturfilosoferna började hävda att naturen kunde förstås av det mänskliga intellektet, att den kunde förklaras rationellt, av förnuftet, det vill säga att naturens ordning och sätt att fungera inte var något som behövde föras tillbaka gudarnas nyckfulla viljor och spel.[259]

Här kan det vara anledning att påminna om att grekerna inte hade något mäktigt prästerskap som naturforskarna och diktarna behövde vakta sig mot. Detta bidrog säkert till att underlätta utvecklingen bort från de mytiska verklighetsförklaringarna.

Till en början gjordes, som framgått, inte någon klar distinktion mellan den fysiska naturen och människornas värld. Bådadera, antog man, styrdes av samma lagar. Först med sofisterna väcktes tanken att samhället och människorna kanske behövde förklaras utifrån andra principer än de som gällde för naturens värld. Med sofisterna blev politiken rentav ett eget undervisningsämne.

De tidiga naturfilosoferna hade varit nyfikna på naturen och tillvaron och inställda på att den var något som kunde förstås av människorna. Men man hade sett på den som en ordning, varken

---

259 Wolin, S. S. (1960), *Politics and Vision. Continuity and Innovation in Western Political Thought*, s. 29–32.

möjlig att skapa eller ändra. Man sökte kunskap, men knappast för att förändra eller kontrollera.

Annorlunda blev det med sofisterna. För sofisterna blev distinktionen mellan det naturbestämda (fysis) och det människobestämda (nomos) avgörande. I politikens värld var det nomos som gällde, det var människorna själva som bestämde ordningen.

Den grekiska ”upplysningstidens” nya tankesätt mottogs dock inte utan invändningar och oro. Många tycks ha haft känslan att den plötsliga frigörelsen från traditionerna skulle skapa problem. Hela tiden tycks det hos många ha funnits en rädsla för gudarnas vrede och straff. Man litade inte på att förnuftets erövringar i längden skulle kunna skydda från krig, pest och olyckor. Därför glömde man inte sina gudar.[260]

Hur athenarna tänkte om sina livsproblem under denna tid ger de klassiska tragedierna en god inblick i. Tragedierna gav inte bara uttryck för sina författares tankar. De uppfördes i tävlingar i konkurrens med varandra. Författarna tvingades därför hela tiden att försöka fånga och formulera just de problem och konflikter som upptog åskådarnas tankar och intresse. Det har påtalats att för athenarna framstod de dramer som spelades under denna tid inte som abstrakt ”konst”, utan som deras egen konkreta verklighet framställd i förenklad form. Den dramatiska föreställningen var inte något man flydde till för att glömma vardagen.

Frigörelsen från traditionen hade skapat nya problem. Många tycks ha uppfattat det som förhastat att som Protagoras hävda att människan var alltings måttstock. Man menade att människans begränsningar blev tydliga i de händelser som kom att utspela sig.

Pesten och peloponnesiska kriget hade försvagat Athens ställning och dess kulturella utveckling. Mot slutet av 400-talet var Athen snarast en skugga av sitt forna jag. Borta eller försvagad var också den kulturoptimism som många av sofisterna stått för.

---

260 Berg Eriksen m.fl., s. 62–64.

Tiden tycktes vara inne för att söka sig något fastare att hålla sig till. I den oro som följde med de samhälleliga omvälvningarna var det knappast en frihet från traditionens fasta hållpunkter man sökte. Snarare tycks man ha öppnat sig för och letat efter någon evig och beständig princip att kunna hålla sig till. En princip som kunde tala om hur *polis* och människorna borde leva. En princip motsvarande den som naturfilosoferna hade letat efter för hela naturens liv.

Härmed har man hunnit fram den grekiska antikens verkliga filosoftrio, nämligen Sokrates, Platon och Aristoteles.

Sokrates, som var athensk medborgare ur mellanskiktet, levde åren 469–399 och var således samtida med sofisterna. Liksom de utvecklade han, åtminstone till största delen, sina tankar under den tid då Athen stod på höjdpunkten av sitt herravälde. Liksom de försökte han förstå *polis* och dess sätt att fungera.

Men Sokrates uppträdde aldrig mot betalning, som sofisterna. Och i motsats till dem sökte han efter det beständiga och eviga. Häri påminde han i stället om naturfilosoferna. Han sökte dock inte som de den fasta punkten i naturens liv. Sokrates sökte i stället moralens fasta punkter.[261]

Sokrates var upptagen med att analysera moraliska och politiska begrepp med vars hjälp han skulle kunna komma fram till förståelsen av vad det innebar ”att leva väl”. En grundläggande förståelse av detta kunde bara uppnås genom en argumentation som rättfärdigades i varje steg. Denna analys borde ta formen av en diskussion med andra, där ingenting togs för givet och där överenskommelse uppnåddes vid varje steg av argumentationen. Utifrån dessa krav ansåg han sofisternas teorier vara analytiskt otillräckliga.[262]

Liksom senare i hans efterföljd Platon och Aristoteles, ägnade sig Sokrates åt frågor om rätt och fel, gott och ont, sant och

---

261 Ibid, s. 69–78.

262 Winton, R. I., Garnsey, P.: ”Political Theory” i Finley (ed) (1984/1981), s. 41–43.

falskt. Han var en känd figur i det athenska livet där han ständigt genom frågor i samtal försökte hjälpa människorna framåt i deras tankar kring moraliska frågor.

Gamla traditioner eller det lagfästa utgjorde för Sokrates ingen tillräcklig grund för människornas och samhällets moral. Moralen måste ha sin grund i varje enskild människas egen övertygelse om dess riktighet. Denna kunskap och insikt fanns inneboende hos varje människa, den kunde inte tillföras människorna utifrån. Sokrates såg det som sin uppgift att likt barnmorskan hjälpa fram denna visdom till dagens ljus.

Vad Sokrates sökte var moralens fasta punkter. Lycka hade dygden som betingelse, det vill säga att veta vad som utgjorde det allmänt rätta. Endast den som hade insikt om detta kunde bli lycklig. Den som fick insikt om det rätta skulle vilja handla rätt, ty ingen önskade vara olycklig.

Dygden var alltså insikten i vad som utgjorde det för alla gemensamma rätta och goda. Den avgörande kunskapen om detta kommer enligt Sokrates till människorna som något de redan vet, den kommer som minnet av något de sedan länge har glömt. För Sokrates var målet att väcka denna hågkomst till liv. Genom samtal och dialoger, som gick ut på att avslöja inbillat vetande, ville han hjälpa människorna till insikt om vad som utgjorde moralens själva väsen och kärna.[263]

Platon (427–347), som i många år hade följt Sokrates, lär ha sett på sitt eget livsverk som en fortsättning av Sokrates' verksamhet. Liksom Sokrates menade han att människans främsta plikt och uppgift bestod i att vårda sin själ och att fördjupa sig i insikten om rätt och fel, gott och ont. Båda sökte de efter eviga normer som stod oberoende av de enskilda människornas tillfälliga infall. Sokrates utvecklade emellertid sina tankar bara i muntliga samtal, medan Platon gav sina tankar en litterär form i de så kallade dialogerna.

---

[263] Berg Eriksen m.fl., s. 69–78.

Enligt Sokrates mening var filosofi och politik oförenliga verksamheter. En politiker måste alltid göra sig populär, en filosof fick inte ta sådana hänsyn. Sokrates var emot demokrati, ty enligt honom var det de duktigaste och mest sakkunniga som skulle styra *polis*. Platon kom att vidareutveckla denna uppfattning. Det skulle inte bli något slut på *polis'* olyckor förrän filosoferna blivit ledare eller ledarna filosofer.

En ansvarsfull politiker måste vara älskare av sanning och vishet, hävdade Sokrates, och vis var endast den som kände sina begränsningar. Själv ansåg han sig varken vis eller i besittande av sanningen. I stället såg han på sig själv som en sökare och som en sanningsälskare.[264]

En förutsättning för en förbättring av livet i *polis* var enligt Sokrates att medborgarna genom bildning blev självkritiska. Enligt Sokrates teori handlade ingen människa mot bättre vetande, det var bristen på kunskap som ledde till moraliska misstag. Moralisk duglighet kunde därför läras av alla.

I Sokrates efterföljd kom också Platon att definiera filosofer som älskare av sanningen. Hos Platon finner man emellertid att filosofen inte längre är den anspråkslöse sökaren, hos honom är i stället filosofen den stolte innehavaren av sanningen.

Platon var athenare av aristokratisk börd, och han lär till och med ha haft Solon som en av sina förfäder. I sin ungdom sägs han ha drömt om en politisk karriär. Men de filosofiska kontakterna med Sokrates, den politiska utvecklingen och till slut dödsdomen mot och avrättandet av Sokrates fick honom på andra tankar.[265]

Sokrates hade anklagats för bristande tro på stadens gudar och för förledande av ungdomen. Han hade dömts först till landsförvisning men sedan till döden. Denna dom mot Sokrates har senare kommit att tolkas som ett utslag av den rädsla och det missnöje som spridit sig bland många athenare när de, under

---

264 Popper, s. 132, 137.
265 Hansen, M.H. (1986), II, s. 247–248.

400-talets senare del, såg sin stormaktsställning hotad. För många framstod Sokrates, den ständige ifrågasättaren, som ett hot mot gudarnas välvilja och därför en röst de önskade bli av med. Det lär ha varit Sokrates som själv valde att tömma en giftbägare hellre än att bli landsförvisad från det *polis* utanför vars gränser han tydligen sällan hade satt sin fot.[266]

Platon trodde på förnuftets förmåga att finna fram till de former som gav såväl naturen som samhället dess ordning. Förnuftet var för Platon, liksom för bland andra Parmenides, egentligen en överindividuell egenskap, en egenskap som band samman människorna och möjliggjorde för dem att komma fram till de allmänna sanningarna.

Naturens ordning skulle enligt Platon kunna bilda basen för ett välordnat samhälle. Genom studier av medicin, musik, astronomi och matematik kunde människorna lära sig av naturens ordning och förnuft. Genom att grundligt studera naturens lagbundenheter skulle människorna bättre bli i stånd att förverkliga en förnuftig samhällsordning.[267]

Platons tankar och teorier kretsade alla kring förnuft, ordning och det oföränderliga. I den tid han levde synes tankar inriktade på lugn och stabilitet ha framstått som tämligen naturliga. Han växte upp och levde i en tid då Athens maktställning höll på att upplösas. Det var en tid av krig med starka sociala spänningar och samtidigt ett släktsamhälle under fortgående upplösning. Både 410 och 404 hade han sett hur man i Athen hade försökt lösa politiska motsättningar med brutala medel. Han drog slutsatsen att det var andra sorters medel som måste tillämpas om man ville avskaffa demokratin eller dämpa de samhälleliga konflikterna.

Platon summerade sina erfarenheter i en lag om historisk utveckling: all förändring var av ondo, all social förändring innebar korruption, förfall och urartning. Sättet att stoppa fortsatt

---

[266] Finley (1996/1985/1973), kapitel 4.
[267] Berg Eriksen m.fl., s. 91–92.

politisk korruption var att hejda all politisk förändring. Bara genom att grunda det perfekta och oföränderliga samhället skulle människorna kunna leva lyckliga.[268]

Platon utgick från att mot varje ting svarade ett perfekt ting som inte kunde förfalla, något som stod utanför tiden och rummet. Denna tro på det perfekta och oföränderliga, denna teori om "former" eller "idéer", vanligen kallad Platons idélära, blev den centrala doktrinen i hans filosofi. Endast om detta oföränderliga var det enligt honom möjligt att skaffa sig någon kunskap och endast genom förnuftets rena tanke blev sådan kunskap möjlig.

För Platon tycks det ha varit något som liknade det gamla stamsamhället, där människorna visste sin plats, där släktens kollektiv var viktigare än individen, som framstod som det eftersträvansvärda. I ett sådant oföränderligt samhälle skulle människorna kunna leva lyckliga. I ett samhälle där allt i stället var i förändring lider människorna, där saknar de säkerhet och trygghet.

Platon såg det existerande Athen som korrupt. Han ansåg att de ledande politikerna använde retoriken för att uppnå och samtidigt dölja sina egenintressen. Han ville ersätta den politiska debatten med en oegennyttig filosofisk dialog. I en av sina böcker, Gorgias, låter Platon uttrycka sin mening att i en demokrati kan politikerna endast lyckas genom att göra sig till *demos'* slav, genom att lyda deras minsta vink. Äkta statsmannaskick bestod enligt honom inte av att vara ett villigt redskap för *demos'* alla önskningar. Det bestod i stället, enligt honom, i att uppfostra *demos* till insikt.[269]

I det ideala *polis*, i dialogen Staten, existerar ingen politik i vanlig mening. Där kan inga konflikter uppstå mellan samhällets olika delar, ty där fyller varje klass sin rätta funktion. Inte heller råder där konflikt mellan filosofin och retoriken. Filosofin har gjorts till basen i *polis*, retoriken har ingen roll att spela.

---

268 Popper, s. 19–21.
269 Winton, Garnsey i Finley (ed) (1984/1981), s. 44–55.

Man har antagit att det är Athen Platon talar om då han beskriver ett samhälle där medborgarna vägrar att erkänna den överlägsna kunskapen hos dem som besitter sakkunskap. I stället insisterar de på att underordna de senare under lagar som inte annat är än ett förkroppsligande av den allmänna okunnigheten.

I sitt senare verk Lagarna har Platon givit upp sitt ideal med ett styre av filosoferna. Han har kommit fram till att ingen mänsklig varelse kan anförtros den absoluta makten. Lagen, som den förkroppsligas i författningen och den kodifierade lagen, får ersätta filosofin som basen för *polis*. Han återinför dessutom retoriken. Han gör det i den formen att varje lag skall föregås av en inledning vars syfte det är att övertyga medborgarna om att följa lagen.

Lagen utgjorde enligt Platon ett förkroppsligande av det gudomliga förnuft som styr universum. Han argumenterade således emot sofisternas tes om att mänskliga lagar inte var annat än mänskliga skapelser. Det var Gud, hävdade Platon, som var alltings mått, inte människan.

Filosofin skulle visserligen inte längre styra, men fortfarande måste det mänskliga förnuftet råda i politiken. Det var lagstiftarens uppgift att, förlitande sig på sitt förnuft, föreskriva vad som var gott och ändamålsenligt för hela *polis*.

I det goda *polis* kunde människorna enligt Platon leva det goda livet. I det goda *polis* rådde rättvisa, där var den politiska organisationen sådan att det gemensamma intresset, allmänintresset, stod i centrum.

Platons uppfattningar om vad som konstituerade det goda *polis* skulle komma att vidareutvecklas av hans lärjunge Aristoteles (384–322). Med honom kom teoretiserandet kring olika statsformer, däribland demokratin, att vidareutvecklas och preciseras. När det handlar om demokrati har just Aristoteles sitt särskilda intresse. Genom de många århundradena från antikens dagar fram till vår egen tid blev det nämligen framförallt bli Aristoteles uppfattning och syn på demokrati som kom att få leva vidare. – Av detta skäl har jag ägnat Aristoteles och hans demokratitankar ett särskilt studium och kapitel.

Också Aristoteles tog sin utgångspunkt i existensen av en evig absolut verklighet som människorna måste låta sig och *polis* formas utifrån. Enligt Aristoteles hade *polis*, liksom människorna och tillvaron i övrigt, ett av naturen givet mål mot vilket det hade att sträva. Det goda var när detta var möjligt, det vill säga när inte hinder lades i vägen för alltings strävan mot sitt eget specifika mål.

Demokrati var för Aristoteles en dålig statsform. Demokrati stred mot själva den inneboende meningen med *polis*. Den gjorde det nämligen omöjligt för människorna att utvecklas i enlighet med sin egen inneboende natur. Men mer om Aristoteles och hans demokratisyn i nästa kapitel.

ARISTOTELES OCH DEN ATHENSKA DEMOKRATIN

Aristoteles levde under 300-talet före vår tideräkning, det vill säga under den athenska demokratins andra, sista och mera moderata eller "inskränkta" århundrade. Med Aristoteles kan man säga att det skedde en systematisering av antikens användning av begreppet demokrati, och än idag utgör hans tankar kring demokrati och andra statsformer en viktig referenspunkt i det västerländska politiska tänkandet.[270],[271]

Återupptäckten av Aristoteles verk

Efter makedonernas och senare romarnas underkuvande av de grekiska stadsstaterna miste demokratin så småningom sin aktualitet, inte bara som en politisk statsform utan också som

---

[270] "Ingen seriös person kan förneka att Aristoteles och hans verk tillhör kärnan i det västerländska kulturarvet" är en kommentar som illustrerar detta. Den fälldes av Erland Sellberg, dåvarande docent numera professor i idéhistoria, i samband med hans presentation av den första fullständiga svenska översättningen av Aristoteles Politiken. (*SvD 1994-04-17*)

[271] Som bakgrund angående Aristoteles verk och historia se bland annat: TA Sinclairs introduktion till *Aristotle. The Politics* (1980/1962), s. 9–13; Mårten Ringboms introduktion till Aristoteles (2012/1967), *Den nikomachiska etiken* och Karin Blomqvists inledning till Aristoteles (1993), *Politiken, s.* v–vi. Vidare t.ex. Taylor, A. E. (1955/1919), *Aristotle*, s. 7–8, 10, 13; Aspelin, G. (1963/1943), *Filosofins historia*, s. 113; Eriksson och Frängsmyr (1982); Bolgar, R. R. i Finley (ed) (1984/1981), s. 437–450; Braun, E., Heine, F., Opolka, U. (1984), *Politische Philosophie*, s. 34; Berg Eriksen m.fl. (1985), s. 105, 192–194, 206–207. Se även t.ex. Karlsson, I. (2007), *Vårt arabiska arv.*

begrepp. Det tycks ha dröjt nästan ett och ett halvt årtusende innan ordet demokrati åter dök upp som begrepp i det västerländska politiska tänkandet och språket. När detta skedde var det i mycket med Aristoteles som en förmedlande länk.

Vad som egentligen hade hänt med Aristoteles verk under mellantiden har forskarna haft svårt att mera precist kartlägga. I de väst- och östromerska rikena tycks endast brottstycken av hans arbeten ha levt vidare. Det var araberna och den islamska kulturen som blev de egentliga bevararna av Aristoteles tänkande. Först på 1000–1200-talet fick européerna stifta en mer fullständig bekantskap med Aristoteles arbeten och tankesystem. Då stod den arabiska kulturen på sin höjdpunkt och alltfler kontakter upprättades mellan det islamska kulturområdet och det kristna Europa.

Aristoteles – naturforskare och filosof

Aristoteles föddes 384 i den nordgrekiska staden Stagirus, som då låg under makedonsk överhöghet. Genom sin far, som var läkare vid det makedonska hovet, kom Aristoteles genom födseln att tillhöra ett skrå i vilket den medicinska professionen gick i arv. Det har talats om att dessa hans tidiga kontakter med medicinens värld och med det makedonska hovlivet skulle kunna förklara mycket av å ena sidan hans biologiskt inriktade tänkande och å andra sidan den motvilja mot kungar och hovliv som ibland framskymtar hos honom.

Aristoteles begav sig som ung till Platons akademi i Athen för att studera. Där stannade han fram till Platons död två decennier senare (år 347), först som lärjunge, därefter som lärare. Under åren som följde vistades han på olika ställen längs Mindre Asiens västra kust. Här ägnade sig Aristoteles åt biologiska studier och att lära känna de joniska naturfilosofernas tänkande. Han arbetade även med en omfattande insamling av material om olika djur- och växtarter, som han också ingående systematiserade.

Mot slutet av sina år borta från Athen tjänstgjorde han vid det makedonska hovet, dit han kallats för att bli lärare åt den makedonske kungasonen (senare bekant som Alexander den store).

När Alexander tillträdde som kung (år 336) behövdes inte längre Aristoteles tjänster och han återvände till Athen. Där kom han att grunda en egen filosofisk skola, kallad Lykeion efter namnet på det *gymnasion*, beläget intill Apollo Lyceustemplet, i vilket skolan inhystes. *Gymnasion* (*gymnos* av naken) var ursprungligen beteckningen på de offentliga lokaler där de vuxna männen tränades i olika kroppsövningar, men som så småningom hade utvidgats till mera allmänna bildningsanstalter. Aristoteles filosofiska skola har också gått under namnet 'den peripatetiska skolan' (*peripatein,* gå omkring). Namnet syftar på de promenader, under den täckta pelargång som omgav skolan, som Aristoteles och hans lärjungar sägs ha gjort under undervisningens och diskussionernas gång.

Efter Alexanders död (år 323) förändrades det politiska klimatet i Athen. Athenarna gick i krig mot makedonerna och Aristoteles, som räknades som makedoner, tvingades lämna staden. Han begav sig till staden Chalcis på ön Euboia, där han sextiotvå år gammal avled några månader senare.

Liksom Platon lär Aristoteles ha varit en flitig skriftställare. Men till skillnad från Platon, vars dialoger har överlevt, har alla egenhändiga skrifter av Aristoteles, möjligen med ett undantag, gått förlorade. Det vi idag talar om som Aristoteles olika verk består i själva verket av nedteckningar gjorda av hans lärjungar och medarbetare. Det har tillskrivits Andronikos från Rhodos, som kring år 70 f. Kr. förestod det av Aristoteles grundade lycéet, att ha varit den som samlade ihop och sammanställde fragmenten av Aristoteles verk.[272]

Det har kommenterats att detta kan märkas i den olikartade litterära stil som man möter i de båda filosofernas skrifter. Medan Platons texter har lovordats som högtstående litteratur

---

272 Braun m.fl., s. 34; Taylor, s. 13; Aspelin (1963/1943), s. 113.

har Aristoteles verk kritiserats för att vara formella och ha dålig komposition. Orsaken har antagits ligga just i det att Aristoteles skrifter inte var av hans egen hand, utan består av föreläsningar nedtecknade av hans elever. Det finns dock ett av Aristoteles verk, Den athenska konstitutionen, i vilken stilen beskrivs som lätt och flytande. Det är samtidigt den enda skrift som vissa moderna forskare – men inte alls alla – velat tillskriva Aristoteles egen hand.[273] När den romerske filosofen, politikern och vältalaren Cicero (106–43) lovordade Aristoteles för hans goda formuleringars skull antas han ha syftat på Aristoteles egenhändigt nedskrivna, men numera inte längre existerande, dialoger.[274]

Aristoteles arbeten täckte det mesta av dåtidens kunskapsområden. Hans ambition lär ha varit att summera upp och systematisera vad den dittillsvarande grekiska vetenskapen hade att säga om världen. Av eftervärlden har Aristoteles ofta beskrivits som antikens mest mångsidiga forskare och den europeiska vetenskapens läromästare under århundraden.[275]

Etik och politik: två delar av Aristoteles praktiska filosofi

För Aristoteles tillhörde politiken den praktiska filosofins område. Den praktiska filosofin skilde sig från den teoretiska, som

---

273 1890 upptäckte F G Kenyon, vid British Museum i London, en text på baksidan av några papyrusrullar som grävts upp i Egypten. Denna text kom man att identifiera som ”Den athenska konstitutionen”. Vissa forskare har antagit att det rör sig om ett verk av Aristoteles egen hand. Andra, t.ex. P J Rhodes, översättare av texten till engelska, tror snarare att den skrivits av en elev till Aristoteles. Se Aristotle (1987/1984), *The Athenian Constitution*, Introduction.

274 Taylor, s. 13.

275 Se bland andra Aspelin (1963/1943), s. 33; Barnes, J. (1989/82), *Aristotle*, s. 86 och Aristoteles (1993), Karin Blomqvists inledning.

sysselsatte sig med de aspekter av tillvaron som existerar oberoende av människans medverkan.[276] En sten, en växt, ett djur, solen, månen och stjärnorna – alla är de exempel på fenomen som existerar oberoende av människorna, och alla tillhör de därför den teoretiska filosofins område. I de fall denna i sig själv existerande verklighet är föränderlig, studeras den i sin tur inom fysikens disciplin medan den oföränderliga verkligheten i stället hör hemma inom teologins område. Teologin, den mest högtstående av alla teoretiska discipliner enligt Aristoteles, studerar det eviga och oföränderliga. Den studerar det gudomliga, det som ytterst håller kosmos, världsalltet, samman.

Enligt Aristoteles handlade alltså den teoretiska filosofin om det nödvändiga, det som ej kunde vara på annat sätt. Den praktiska filosofin däremot omfattade det mänskliga handlandet och dess resultat. Den kunde handla om så skilda företeelser som ett hus, ett par skor, en veteåker eller en stat med sin specifika författningsform. Den praktiska filosofin hade inte, som den teoretiska filosofin, kunskapen i sig som det yttersta målet för sin verksamhet. Målet var i stället handlandet, det goda etiska handlandet. Dess främsta uppgift var att uppfostra människorna till goda medborgare. Medan den teoretiska filosofin kan sägas ha haft som mål att betrakta, inte att förändra, sitt föremål, så var det handling som var den praktiska filosofins syfte.

Den teoretiska filosofins betraktande, *bios theoretikos* (betraktande liv) menar Aristoteles vara människans högsta form av handlande. Det som existerar i sig självt, oberoende av människorna, står över det som människorna själva skapat. Det eviga står över det föränderliga. Därför står den teoretiska filosofin över den praktiska filosofin. Och främst bland alla teoretiska veten-

---

[276] Angående Aristoteles distinktion mellan praktisk och teoretisk filosofi se till exempel TA Sinclairs inledning till Aristotle (1980/1962), s. 10; Braun m. fl. (1984), s. 35–41.

skaper är teologin, ty den är läran om det gudomliga, det som är både i sig självt existerande och evigt.[277]

Vad gäller den praktiska filosofin gjorde Aristoteles en distinktion mellan etik och politik. De utgjorde två åtskilda men ändå sammanhängande delar av den praktiska filosofin. Etiken är läran om den enskilde samhällsmedlemmens goda handlande, politiken läran om det goda samhället.[278]

De enskilda medborgarna lever samman i *polis* och bildar tillsammans en helhet. Såväl de enskilda individerna som helheten *polis* strävar efter det goda. För att markera den skillnad som, trots det gemensamma målet, råder mellan delarna (individerna) och helheten (stadsstaten) gör Aristoteles en åtskillnad mellan etik och politik.

Aristoteles tankar kring etiken kan vi framförallt ta del av i Den nikomachiska etiken. Det har hävdats att den uppkallats efter sin "redaktör" Aristoteles son Nikomachos, andra har hävdat att det var för honom som den skrevs.[279] I Den nikomachiska etiken står individen i centrum. Men, väl att märka, inte de enskilda individerna i största allmänhet, utan i deras egenskap av att vara medborgare i den grekiska stadsstaten. I Politiken är det i stället *polis* som utgör studieobjektet. Den är till karaktären närmast ett montage av ofta tämligen heterogena, ibland nästan inte sammanhängande, textstycken, och vi möter där Aristoteles tankar kring det goda samhället och den goda staten.

---

277 Ibid, s. 36–41.

278 Den politiska filosofin handlar enligt Aristoteles om den högsta formen av mänsklig sammanslutning, nämligen om *polis*. Men människorna lever också i andra sammanslutningar, varav hushållet utgör den mest grundläggande och ursprungliga. Medan uppgiften för *polis* var förverkligandet av det goda, fullkomliga livet, var hushållets uppgift det dagliga överlevandet. *Polis* tillhörde det offentliga, hushållet det privata och ekonomins område. 'Ekonomi' (av *oikos* (hus) och *nomos* (lag)) var läran om det (moraliskt) rätta sättet att leda ett hushåll. Braun m.fl., s. 56.

279 Taylor, s. 13; Nordisk familjebok, band 1 (1904), sp 1477.

Aristoteles analys av den athenska demokratin

Såväl när det gällde människor och deras samhällen som när det gällde växter och djur utgick Aristoteles vid sina klassificeringar och analyser från ett omfattande empiriskt material. Han hade låtit sina studenter samla in ingående informationer om olika samhällens författningar, vilket hade resulterat i en mängd rapporter. Av dessa finns endast den om Athens författning bevarad.[280] I Politiken, som fortfarande idag utgör en viktig statsvetenskaplig grundtext[281], ställer han detta empiriska material i relation till sina tankar om den ideala staten och syftet med *polis*. På denna grund går han sedan vidare och skiljer mellan olika typer av statsformer. Demokrati är en av de statsformer som blir föremål för hans analyser.

Människans naturliga bestämmelse

Enligt den teleologiska världsuppfattning som Aristoteles omfattade hade allt i naturen sin mening. Allt i tillvaron hade ett syfte, allt strävade mot sitt mål. Allt hade sin naturliga bestämmelse.[282] Också människan hade därför ett mål som hon strävade mot. Vilket var då detta, frågade sig Aristoteles. Vilken var människans naturliga bestämmelse?[283]

---

280 Aspelin (1963/1943), s. 33 (fotnot); Barnes (1989/1982), s. 86; Hansen, M.H. (1986), I, s. 253.

281 Det är intressant att Politiken trots detta inte fanns i någon fullständig svensk översättning förrän 1993, då den översattes av Karin Blomqvist. När jag själv började min läsning av Aristoteles fanns denna översättning ännu inte att tillgå. Jag använde mig då av den engelska översättningen The Politics (1980/1962), som gjorts av T. A. Sinclair. I föreliggande text görs dock hänvisningarna framförallt till den svenska översättningen (1993).

282 Aristoteles (1993), Bok I, kap. 2.

283 Resonemangen om den enskilda människans naturliga bestämmelse återfinns i stor utsträckning i ”Den nikomachiska etiken” (2012/1967).

Det goda livet blev hans svar. Det högsta och goda är att uppnå lyckan (*eudaimoni*).[284] Men då får lycka inte förstås som passiv njutning, lycka är att förverkliga sin egenart som människa.[285] Den egenskap som skiljer människan från annat levande är att hon besitter ett förnuft. Ett liv i lycka är därför ett liv i vilket människan fullt ut låter detta förnuft styra handlingarna.

Aristoteles betonar att det finns likheter mellan människor, växter och djur. Han framhåller att, liksom växterna, är människan ett levande väsen som tar upp näring och fortplantar sig, och liksom djuren har hon sinnen som hon förnimmer med. Men hon är ensam om sin intellektuella förmåga.[286] Liksom djuren har människan sina läten och kan som de uttrycka såväl smärta som välbehag. Men hon är ensam om att ha ett språk. Hon är ensam om det förnuftiga talet. Till skillnad från djuren kan hon därför tänka ut och uttrycka vad som är rätt och vad som är fel, vad som är nyttigt och vad som är skadligt. Häri, hävdar Aristoteles, ligger den verkliga skillnaden mellan människan och alla övriga levande väsen. Blott människan äger förmågan att skilja mellan gott och ont, rätt och fel, rättfärdigt och orättfärdigt.[287]

Det högsta goda för människan är således att leva sitt liv som en förnuftigt handlande varelse. Dygd (*arete*) är det begrepp som Aristoteles använder för denna färdighet. Dygd består då inte i att lyda utifrån ställda lagar, dygd består i att rätt utveckla och kontrollera de egenskaper som tillhör ens natur. Dygd är att själv bestämma målet för sitt handlande och att ställa sina begär under förnuftets makt.[288]

---

284 Braun m.fl., s. 45–49; Taylor, s. 90.
285 Aspelin (1981). I, s. 130 och följande sidor.
286 Aristoteles (1993). Bok I, kap. 2.
287 Ibid, Bok I, kap. 2.
288 Jämför här och i det fortsatta även t.ex. Coles (1967), *Aristotle, Nichomachean Ethics. Notes*, s. 36–38; Braun m.fl., s. 48–49; Taylor, s. 93.

Vad betyder då detta? Jo, hävdar Aristoteles, dygd består i att gå den rätta medelvägen mellan två ytterligheter. Den består i att vara måttfull, att finna ”den gyllene medelvägen” mellan för mycket och för lite, mellan övermåttan och intet. För att klara detta måste människan låta sig styras av sitt förnuft, hon får inte låta sig förledas av sina känslor och omedelbara önskningar.

Denna betoning av måttfullhet och balans vad gäller det mänskliga handlandet hade sin motsvarighet i det dåtida tänkandet om kroppen. Enligt teorin utmärktes den friska kroppen av balans och jämvikt. Inget element fick finnas till övermått. Det kalla måste balanseras av det varma, det våta av det torra, allt måste balanseras av sin motsats.

Men att finna den rätta medelvägen är inte lätt. Den består inte av aritmetiska medelvärden eller objektivt utstakbara mått. Den enskilda människan klarar inte av att finna den rätta vägen om hon utlämnas till sig själv. Människan är en social varelse, framhåller Aristoteles. Lika lite som hon kan klara att överleva ensam, kan hon uppnå det goda livet utan att leva tillsammans med andra.

Här finner vi Aristoteles koppling mellan etik och politik. Kanske kunde man uttrycka hans tankar så att människan för att leva etiskt också måste leva politiskt. Hon är en social varelse som måste leva med andra människor. Men inte vilket socialt liv som helst. Människan är ett politiskt djur (*zoon politikon*).[289] Skall människan uppnå det goda livet, det vill säga leva i enlighet med sin natur, måste hon nämligen leva i *polis*.

Polis' naturliga bestämmelse

Hur skall då *polis* vara beskaffad för att människorna skall kunna leva det goda livet i enlighet med sin naturliga bestämmelse? Detta var en kärnfråga för Aristoteles, och i Politiken försökte han besvara den. Han inledde med att beskriva hur människorna

289 Aristoteles (1993). Bok I, kap. 2.

sluter sig samman, först i familjer och hushåll, därefter i byar och till slut i stadsstater, i *poleis*.[290]

Aristoteles tar sin startpunkt i människornas drift att överleva både som art och individer. Att man och kvinna lever samman är i enlighet med naturen, det är framsprunget ur driften att reproducera människosläktet för att överleva som art. Man och kvinna måste förenas. Det måste även herren och slaven, inte heller de kan existera utan varandra. Endast tillsammans kan de klara den dagliga överlevnaden, det vill säga överleva som individer. Förklaringen ligger i att människorna är olika. Vissa har av naturen försetts med intelligensen att kunna förutse vad som är nödvändigt för överlevnaden. Därför är de ämnade att vara herrar och att styra. Andra har försetts med de kroppskrafter som behövs för att utföra vad de förra beslutat. De är med andra ord ämnade att vara slavar och att bli styrda av andra.

Aristoteles kommenterar, men tämligen i förbigående, att naturen således gjort åtskillnad mellan kvinna och slav. Kvinnorna och slavarna har givits olika funktioner att fylla. Men detta har man, påtalar Aristoteles, inte förstått i vissa barbariska, det vill säga icke-grekiska samhällen (*barbaros*: urspr. grekernas benämning på dem vars språk i deras öron lät som det obegripliga ”bar-bar”[291]). Där ger man dem samma status.

Genom kombinationen av de båda relationerna, den mellan man och kvinna och den mellan herre och slav, uppstod enligt Aristoteles den första och enklaste formen av socialt liv, nämligen familjen eller hushållet. Hushållet är således en sammanslutning som har sin grund i naturens lagar och vars dubbla uppgift det är att sörja för såväl de enskilda individernas som människosläktets överlevnad.

Här kan vi notera att Aristoteles inte ansluter sig till synsättet att samhällets minsta beståndsdel skulle bestå av de enskilda individerna, som sedan av vana eller genom överenskommelser

---

[290] Ibid, Bok I, kap. 2.
[291] Kitto, s. 7.

slutit sig samman. Så är det inte och så har det aldrig varit, påpekar Aristoteles. Samhällets yttersta beståndsdel utgörs av hushållet.[292]

Som ett nästa steg, eller som en logisk följd av att människor lever enligt sin naturliga bestämmelse, kommer bygemenskapen. Om den säger dock Aristoteles mycket lite. Han beskriver hur en by vanligtvis är resultatet av att den äldstes söner och sonsöner bygger egna hus och upprättar egna hushåll. Men han framhåller som viktigt att varken hushållet eller byn räcker till för att tillfredsställa människornas mera permanenta behov. Bara om flera byar går samman och bildar *polis*, blir det möjligt för människorna att tillfredsställa såväl sina materiella som sina andliga behov. Endast i *polis* kan människan inte bara överleva, utan också leva det goda livet. Ty endast i *polis* kan människan leva i full överensstämmelse med sin natur.[293]

Polis står med andra ord över individerna. Liksom handen eller foten, om den avskiljs från kroppen, inte längre är en hand eller en fot, är människan utan *polis* inte längre människa.[294] Om människan skall leva i enlighet med sin natur kan hon inte leva utanför *polis*.

Allmänintresset och Aristoteles analys av olika statsformer

Aristoteles Politiken rymmer både normativa och deskriptivt analyserande dimensioner. Liksom för Platon och andra dåtida tänkare var målet för Aristoteles den ideala staten. Liksom de hade han sin uppfattning om det ideala, däremot skilde han sig från dem genom sitt empiriska intresse. För Aristoteles var det genom att studera faktiskt existerande statsbildningar som man kunde komma fram till en insikt om statens sanna natur och därmed kunskap om den goda statens beskaffenhet och förut-

---

292 Taylor, s. 100.

293 Aristoteles (1993), Bok I, kap. 2. I ett senare avsnitt, Bok VII, kap. 5, 11–12 beskriver Aristoteles hur den ideala stadsstaten bör vara beskaffad vad gäller storlek, läge mm.

294 Ibid, Bok I, kap. 2, s. 9.

sättningar. Troligen var det hans empiriska intresse som fick honom att särskilt betona skillnaden mellan det ideala och det faktiskt möjliga.[295] ”Man bör alltså inte bara studera den bästa formen av statsskick, utan också den som är genomförbar, och på liknande sätt även den som är lättare att genomföra.”[296]

På grundval av sina empiriska studier gjorde Aristoteles en klassificering av olika författningar. I denna klassifikation, som byggde vidare på den som använts av Platon[297], använde sig Aristoteles av två huvudsakliga indelningsgrunder. Den första gällde antalet styrande. Den högsta politiska makten kunde ligga hos en, ett fåtal eller de många.

Men författningar skilde sig också åt i ett annat väsentligt avseende hävdade Aristoteles. Nämligen i vems intresse som makten utövades. Detta utgjorde för honom den andra indelningsgrunden, och för Aristoteles var detta det verkligt urskiljande kriteriet. Utövades makten för att främja hela *polis'* gemensamma bästa eller blott för att främja en viss persons eller delgrupps egna avgränsade intressen? [298,299]

Med denna andra indelningsgrund ser vi hur Aristoteles gör en tillbakakoppling till syftet med staten och varför människan överhuvudtaget lever i *polis*. Vi har varit inne på att människan enligt Aristoteles lever i *polis*. Det är blott där som hon kan, inte bara överleva, utan också leva i enlighet med sin naturliga bestämmelse. Men för detta krävs att *polis* i sin tur fungerar i enlighet med sitt syfte. *Polis* måste styras med allas bästa för ögonen.

Det är utifrån detta perspektiv som Aristoteles gör sin indelning av olika författningar, det är utifrån detta som han skiljer de goda författningarna från de dåliga. De goda författningarna är de där den politiska makten används för att

---

295 Aristotle (1980/1962). Introd, s. 14–15.
296 Aristoteles (1993), Bok IV, kap. 1, s. 219.
297 Platon (1985), s. 361, 373–377.
298 Aspelin (1981), I, s. 134.
299 Aristoteles (1993), Bok III, kap. 7, s. 163.

främja det allmännas intresse. De dåliga däremot är de där makten utövas i blott någons eller någras begränsade intresse.

Med klassificeringsgrunderna antalet styrande respektive i vems intresse gjorde Aristoteles sin indelning av olika författningar och kom fram till sex grundtyper.[300] Tre av dessa – kungadöme, aristokrati och *politeia* – räknade han som de "riktiga", de "goda" författningarna. De styrdes i hela *polis'* intresse. De tre övriga – tyranni, oligarki och demokrati – betraktade han som de förras avarter, de styrdes inte i hela *polis'* intresse.

I kungadömet var det en enda som styrde, och gjorde detta till allas väl. Om däremot den ensamme härskaren styrde i bara sitt eget begränsade intresse, rådde i stället tyranni. I en aristokrati var det fåtalet (*aristoi)* som styrde, och gjorde detta till hela *polis'* bästa. *Aristoi* betydde då 'de bästa', men inte med avseende på börd utan med avseende på moral och förtjänster.[301] I annat fall rådde oligarki, det vill säga att fåtalet styrde i bara sitt eget eller de rikas intresse.

Slutligen kunde *polis* styras av de många. Skedde detta till det gemensammas bästa fick det hos Aristoteles namnet *politeia.*[302,303]

---

300 Ibid, Bok III, kap. 7, s. 163.

301 Ibid, Bok IV, kap. 7.

302 Att hitta en entydigt korrekt översättning av detta ord är svårt. Begreppet *politeia* användes av Aristoteles i flera olika betydelser. Se t.ex. Aristoteles (1993), s. ii. Själv har jag valt att behålla den grekiska textens ursprungliga ord *politeia.*

303 I *politeia* placerar Aristoteles den högsta makten hos dem som bär vapen. Han utgår i sin argumentering från den allmänna duglighet han menar att de styrande måste besitta för att kunna styra till allas bästa. En eller ett fåtal kan tänkas uppnå en sådan allmän duglighet, däremot är det svårt för de många. Vad 'de många' har möjlighet att uppnå är däremot duglighet i att strida. I *politeia,* ett styre av 'de många', är det därför den vapenbärande delen av befolkningen som styr. (Aristoteles (1993), Bok III, kap. 7; Aristotle (1980/1962), s. 116, andra fotnoten.)

Aristoteles användning av begreppet 'vapenbärande' finner jag dock oklar. Gör han en åtskillnad mellan de som var vapenbärande och själva bekostade sin rustning och de som var vapenbärande,

Men liksom de övriga goda författningsformerna hade också den sin avart. Och därmed var han framme vid demokratin. Demokrati rådde, hävdade Aristoteles, när de många styrde och gjorde detta i bara de fattigas och egendomslösas intresse.

Demokrati var således för Aristoteles, liksom tyranniet och oligarkin, dåliga författningar. Alla tre stod i strid med naturens ordning, eftersom ingen av dem verkade för allas väl.

I Politiken ryms många reflexioner kring demokrati, liksom kring de övriga författningstyperna. Man finner begreppsutredningar och hänsyftningar till hans resonemang kring etik. Där ställer han de olika författningarna i förhållande till varandra, både idealt och definitionsmässigt och i förhållande till vilka varierande former de kunde tänkas ta sig i verkligheten. Han visar på blandformer, han gör sina värderingar och han diskuterar vad han tror vara möjliga lösningar i olika situationer. Man kan notera att Aristoteles inte begränsade sin diskussion till de olika författningarna och deras institutioner och procedurer. Han för en diskussion också om de samhälleliga förhållanden som omgav dessa författningsformer. Hans resonemang utgick i

---

men som inte själva kunde stå för den rustning som behövdes, det vill säga framförallt roddarna i flottan? Utifrån Aristoteles eget sätt att resonera, borde skillnaden vara tämligen avgörande. Ty de förra var ju de förmögna, de senare de fattiga. Ifall de vapenbärande utgörs av de förmögna så utesluter han ju de fattiga medborgarna från 'de många'. Inbegriper han å andra sidan roddarna bland de vapenbärande så kan man, utifrån det att han hävdar att de fattiga är oförmögna att styra för allas bästa, undra över var han egentligen drar gränsen mellan *politeia* och demokrati. På ett annat ställe, längre fram i Politiken, noterar han att i stater vars terräng kräver kavalleri eller tungt beväpnad infanteri (vapenslag i vilka endast de förmögna har råd att delta) kommer oligarki att råda. I stater där krigföringen i stället kräver ett omfattande lätt infanteri eller en krigsflotta (det vill säga vapenslag i vilka de fattiga ingår) kommer demokrati att råda. Om *politeia* säger han där ingenting. (Aristoteles (1993), Bok VI, kap. 7; Aristotle (1980/62), s. 248). – För en genomgång av begreppet *politeia* se t.ex. Meier, C. (1970), *Entstehung des Begriffs "Demokratie". Vier Prolegomena zu einer historischen Theorie*, s. 59–60.

mycket från de villkor under vilka olika grupper levde och skaffade sig sin försörjning. Han diskuterade vilka konsekvenser dessa förhållanden fick för relationerna mellan olika grupper och för olika medborgargruppers bruk av makt och inflytande.

Den helt centrala utgångspunkten för Aristoteles analyser var således "det goda livet", vilket betydde att människorna skulle kunna leva i enlighet med sin naturliga bestämmelse. För att uppnå detta måste de leva tillsammans med andra i *polis*. Det var endast i *polis* som människorna kunde utveckla hela sin potential och därmed bli till de mest högtstående av alla levande varelser. Ställda utanför *polis'* lagar och moral blev de i stället till de värsta av alla varelser. Endast djur och gudar kunde klara sig utanför *polis*.[304] Målet och meningen med *polis'* existens, dess specifika och naturliga bestämmelse, var att ge människorna förutsättningarna för ett gott liv.

Vilka bör styra polis?

Som framgått var det utifrån perspektivet att *polis* måste styras för allas bästa som Aristoteles gjorde sin klassificering och bedömning av olika stater och deras författningar. Hans syfte var praktiskt, inte bara betraktande och konstaterande. Därför blev det naturligt för honom att gå vidare och ställa sig frågorna: Vilka är de som är mest lämpade att styra *polis* till allas bästa? Vilka bör inneha makten?

Aristoteles hävdar att det i en stat finns tre olika grunder utifrån vilka en person kan ställa anspråk på att få utöva makt. Han kan hävda att det är för att han är "en fri man" eller för att han är en man "med egendom" eller slutligen för att han är en man "av dygd och god karaktär". Ibland hävdas också "ädel börd" som grund. Men, kommenterade Aristoteles, "ädel börd" betyder egentligen inte annat än att personen i fråga besitter såväl egendom som dygd.[305]

304 Aristoteles (1993), Bok I, kap. 2.
305 Ibid, Bok IV, kap. 8, s. 251; Aristotle (1980/1962), s. 167.

På vilken grund menar han då själv att makten bör baseras? Detta berör han redan i sin karakteristik av de olika författningstyperna. Av de tre ”goda” författningarna tycks han ha betraktat 'aristokrati' som den bästa. Där styr ”de bästa”, de som är dugliga och av god karaktär.[306] Men eftersom ett sådant styre ligger utanför de flesta staters och människors förmåga, får man i praktiken nöja sig med *politeia*. Vilket i sin tur betydde att det var de många ”vapenbärandes” duglighet man fick hålla till godo med.[307]

När det gällde den ”goda” styresformen kungadöme kommenterade Aristoteles att visst kunde en ensam härskare, om han uppfostrats enligt lagen, fatta kloka beslut. Men flera kloka personer tillsammans är ändå mindre benägna att låta sig korrumperas än en enda ensam. Man kan inte förvänta sig att ”ett par ögon och öron, ett par fötter och händer” skall kunna handla bättre än många tillsammans.[308]

När Aristoteles skulle beskriva vad som utmärkte de två avarterna oligarki och demokrati, framhöll han, som tidigare nämnts, att de styrdes i bara en begränsad grupps intresse. I den förra de rikas och i den senare de fattigas. I samband med detta för Aristoteles ett resonemang som går ut på att det är kategorierna eller ”egenskaperna” att vara rik eller att vara fattig som förklarar varför de två styresformerna oligarki och demokrati överhuvudtaget uppkommer. [309]

Att distinktionen mellan oligarki och demokrati framförallt handlar om skillnaden mellan ett styre i de rikas och ett styre i de

---

306 Enligt Aristoteles den bästa författningstypen antingen för att det är 'de bästa' som styr eller för att den är inriktat på vad som är ”det bästa” för staten och dess medlemmar. Aristotle (1980/1962), s. 116 (första fotnoten).

307 Se not 301.

308 Aristoteles (1993), Bok III, kap. 16.

309 Ibid, Bok III, kap. 8.

fattigas intresse är en mycket central punkt hos Aristoteles.[310] Att man ofta talar i termer av 'de få' kontra 'de många' är för att de rika överallt är få medan de fattiga är många. Han återkommer till detta på ett flertal ställen.[311]

Något annat han också särskilt framhåller är att det inte är genom åberopandet av majoritetsprincipen som man kan skilja olika styresformer. Majoritetsprincipen tillämpas i såväl oligarkier som aristokratier och demokratier.[312]

När det så gällde frågan om vilka som borde styra *polis,* ansåg han att varken de rika eller de fattiga var lämpade. Utgående från sin grundtes att det var måttfullheten, den gyllene medelvägen, som utmärkte det goda livet, kom Aristoteles till slutsatsen att mellanskiktet[313] var den grupp som borde inneha makten.[314]

Detta är, menade han, den grupp som är mest benägen att låta förnuftet råda. Att låta förnuftet råda är svårt för de mycket förmögna, de vackra, de starka och de som är av hög börd. Det är också svårt för de extremt fattiga, svaga och förtryckta. Men medan de förstnämnda begår våldsdåd i stor skala, begår de sistnämnda brott och ondskefullheter av mer futtigt slag. Hos de förra beror illdåden på övermod, hos de senare på skurkaktighet.

---

310 En av dem som särskilt pekat på detta är Finley i bl. a. Finley (1984/1983), kap. 1.

311 T. ex. i Aristoteles (1993), Bok III, kap. 8 och Bok IV, 4.

312 Ibid, Bok IV, kap. 8.

313 Ofta används i stället begreppet 'medelklass' som översättning. Trots detta väljer jag att själv framförallt använda begreppet 'mellanskikt'. Jag finner detta begrepp vara mera rent beskrivande och mindre teoriladdat. Aristoteles själv använde begreppet för att beteckna den grupp som han beskrev som varken rik eller fattig. – Jämför Finley (1984/1983), s. 10–11, som menade att Aristoteles tal om en 'medelklass' inte betydde att denne hävdade att det i de grekiska stadsstaterna egentlig skulle ha existerat någon sådan klass. Enligt Finley bör användandet av begreppet 'medelklass' hos Aristoteles förstås som ett uttryck för hans framhävande av "den gyllene medelvägen" som det naturliga och bästa tillståndet.

314 Aristoteles (1993), Bok IV, kap. 11.

Mellanskiktet är också den grupp som är både minst motsträvig och minst ivrig att bekläda ämbetsposter. Detta är en god egenskap, eftersom såväl motsträvighet som iver är till skada i politiken.

Aristoteles finner fler nackdelar med de två extrema skikten, de rika och de fattiga. Den grupp som har överflöd av sådant som banar väg för framgång, vänner, styrka och rikedom, vill vare sig uppehålla ett ämbete eller sätta sig in i vad ett sådant uppdrag skall innebära. Redan i skolan är de så fyllda av sin egen överlägsenhet att de aldrig lär sig att göra vad de blivit tillsagda. Den andra gruppen, den som saknar de förras fördelar, är för undergiven. Medan den första gruppen därför endast kan befalla, kan den andra inte annat än slaviskt lyda. Den gode medborgaren måste dock kunna såväl styra andra som själv bli styrd.

För att söka svaret på vad som utmärkte eller borde utmärka en god medborgare ställde Aristoteles frågan om medborgarens funktion i *polis*. Av den som skall styra i det offentliga *polis* krävs annat än av den som styr inom hushållets privata sfär, hävdade han. I hushållets gemenskap råder olikhet, och för slavarna också ofrihet. Där är det därför mannens uppgift att ensidigt styra, över såväl hustru och barn som över slavar och tjänstefolk. I *polis'* politiska liv blir det annorlunda. I *polis*, som består av män som både är fria och varandras likar, är det en omöjlig tanke att någon av dem skulle låta sig underordnas och styras av andra. Den enda lösning som kan accepteras är den att i växelverkan ömsom själv styra, ömsom låta sig bli styrd. Kriteriet på den gode medborgaren blir därför att han besitter såväl förmågan att kunna styra andra, som förmågan att låta andra styra honom.[315]

Ett annat positivt drag hos mellanskiktet är att det är den grupp som är minst ivrig att genomföra förändringar. Man traktar inte efter andras egendom och man blir inte heller utsatt för andras begär. Mellanskiktet lever lugnare, man intrigerar inte

---

315 Ibid, Bok III, kap. 4, s. 153.

mot andra och man blir i sin tur inte heller utsatt för andras intriger.

Den bästa styresformen är således den som opererar genom mellanskiktet, ett mellanskikt stort nog att kunna förhindra oppositionens överdrifter. De som är aktiva i styrandet av staten bör besitta en måttlig, men tillräcklig, förmögenhet. Äger däremot en del av dem mycket medan andra står utan, kommer det att resultera i ren oligarki eller extrem demokrati. Eller, som en följd av dessa formers excesser, det värsta av allt, nämligen tyranni. Tyranni följer ofta, hävdar Aristoteles, efter antingen oligarki eller en överentusiastisk demokrati, dock sällan efter ett styre baserat på mellanskiktet.

I verkligheten utvecklas emellertid de flesta stater till antingen demokratier eller oligarkier, hävdar Aristoteles. Oftast är nämligen mellanskiktet litet. Men ändå kvarstår det faktum, betonar han, att för de flesta är mellanskiktets styre det bästa, och ju längre man avlägsnar sig från detta ju sämre är det.

Demokrati kontra rättvisa

Rättvisa måste råda i *polis* om det goda livet för människorna skall kunna uppnås.[316] Rättvisa betyder enligt Aristoteles likställdhet, och likställdhet betyder i sin tur att lika skall gälla för likar medan icke-lika skall gälla för icke-likar. Vilka som helst likheter och olikheter förtjänar dock inte att beaktas, påpekar han. I det politiska livet, och när ämbetsposter skall fördelas, förtjänar endast sådana egenskapers likheter och olikheter att beaktas som är av betydelse för *polis'* väl.

Att vara av ädel börd, att vara född fri, att besitta egendom är exempel på medborgaregenskaper som är viktiga för *polis*. Skall *polis* överhuvudtaget kunna existera, krävs medlemmar som är fria och som har råd att bidra med en insats. Skall *polis* inte bara överleva utan också vara ett gott *polis,* krävs dessutom medlemmar som besitter ett rättvist sinnelag och militär skicklighet.

---

316 Ibid, Bok III, kap. 12.

Men allra främst ville Aristoteles själv sätta egenskaperna bildning, dygd och duglighet om *polis* verkligen skulle kunna bidra till medlemmarnas goda liv.

Aristoteles pekade på att olika författningar karakteriserades av att rättvisa och jämlikhet gavs olika innebörd.[317] Såväl demokratier som oligarkier rättfärdigade sig med hänvisning till rättvisa. En demokrati, framhöll han, baserade sig på tanken att de som var lika i ett visst avseende också var lika i övrigt. Om då alla medborgare var likar i det att de var födda fria, gällde att de också i annat var varandras likar. En oligarki däremot baserades på uppfattningen att de som var olika i något, till exempel rikedom, också i övrigt var olika. Medan "demokraterna" utifrån sin likhet krävde lika deltagande i den politiska makten, krävde de oligarkiskt sinnade, utifrån sin olikhet, att mer makt skulle komma just dem till del.

Rättvisa och jämlikhet är viktiga krav, hävdade Aristoteles. Bakom politiska stridigheter och omvälvningar ligger ojämlikhet[318], det är i kampen om rättvisa som människor strider mot varandra. Uppror och revolutioner görs antingen av "likar" som fått olika eller av "icke-likar" som fått lika (eller mindre). Det man vill uppnå är "ekonomisk vinning och prestige[319] – eller undvika motsatsen … ".[320]

Begreppet rättvisa är, som vi ser, centralt i Aristoteles analys av demokrati och olika statsformer.[321] Det kan därför ha sitt intresse att se lite närmre på hans rättvisebegrepp.[322]

---

317 Ibid, Bok V, kap. 1.

318 Ibid, Bok V, kap. 1

319 I Aristotle (1980/62), s. 192, använder översättaren ordet 'dignity' (värdighet), det vill säga ett ord med något annorlunda innebörd.

320 Aristoteles (1993), Bok V, kap. 2.

321 Också för senare juridiskt tänkande har rättvisedistinktionerna som Aristoteles arbetade med haft stor betydelse. Se till exempel Berg Eriksen m.fl., s. 136.

322 Det är i "Den nikomachiska etiken" som de olika formerna av rättvisa presenteras. Se Aristoteles (2012/1967), Femte boken. Se

Aristoteles byggde vidare på en uppfattning om rättvisa som hans lärofader Platon hade utvecklat i skriften Lagarna. Enligt Platon existerade två sorters rättvisa vid fördelningen av belöningar och ära: den numeriska eller aritmetiska jämlikheten respektive den proportionella. Det var den senare formen av rättvisa, den proportionella likhetens princip, som han menade konstituerade den sanna politiska rättvisan. Ty enligt denna princip fördelades politiskt inflytande i proportion till vars och ens dygd, härkomst och förmögenhet.[323]

Aristoteles pekade ut två grundläggande former av rättvisa. Rättvisan i sin första och allmänna form utgörs av lagen. Den handlar om relationen mellan staten och dess medlemmar. Denna form av rättvisa ger inte upphov till några mer omfattande diskussioner.[324] Den finns nämligen formulerad och etablerad i lagen, tills den dag då den eventuellt och medvetet omformuleras.

Den sanna rättvisan råder, kommenterar Aristoteles, i ett samhälle där människorna låter sig styras av lagen.[325] Lagens uppgift är att skilja rätt från orätt och att främja allas bästa. De styrandes uppgift är att fördela ”ära, guld och andra ting” så att *polis'* bästa gynnas. I en rättvis stat är lagen den verklige härskaren och de mänskliga härskarna blott väktare av denna lag.

Aristoteles trodde inte på människornas förmåga att verkligen styra i andras intresse. ”… det är omöjligt att ge ett sant omdöme när ens eget intresse och ens egna känslor är inblandade.”[326] Därför måste det ytterst vara principer, inte människor, som styr.[327]

även Aspelin (1981, s), I, s. 132; Coles (1967), s. 54–67; Berg Eriksen m.fl., s. 136–138.

323 Se Popper, s. 92.

324 Berg Eriksen m.fl., s. 137.

325 Aristoteles (2012/1967), Femte boken.

326 Aristotle (1980/62), s. 144. Min översättning. Se även Aristoteles (1993), Bok III, kap. 16.

327 Aristoteles (2012/1967), Femte boken.

Den andra huvudformen av rättvisa handlar om människornas inbördes relationer. Denna rättvisa är i sin tur av tre slag. Den första är den 'distributiva eller fördelande' rättvisan. Den aktualiseras i situationer då "ära, guld och andra ting" skall fördelas bland samhällets medlemmar.

Den andra typen av rättvisa är den 'återställande eller korrigerande'. Det är den rättvisa som är aktuell då en domare skall återställa balansen mellan parter, där den ene förbrutit sig mot den andre eller tillskansat sig något på dennes bekostnad. Domaren skall då, utan hänsynstagande till person, blott se till gärningen och utifrån den försöka återställa ordningen och balansen till vad den varit.

Den tredje rättvisan slutligen är den 'reciproka eller ömsesidiga' rättvisan, 'bytesrättvisan'. Ömsesidigheten i ett byte kan vara absolut, av typen "öga för öga, tand för tand". Men oftast är den proportionell, som då två parter skall byta varor med varandra. Förutsättningen för att sådana byten skall bli av är att de kan ske i en proportion som båda parter finner rättvis. Pengar är det mått i vilket denna rättvisa brukar uttrycka sig. Inget byte skulle kunna ske utan ett mått som gjorde tingen jämförbara och därmed bytbara. Och utan byte skulle inget mänskligt samhälle kunna existera.

Det är det första av dessa tre rättvisebegrepp (gällande människornas inbördes relationer), nämligen den 'fördelande' rättvisan, som Aristoteles knyter an till när han diskuterar olika författningar.[328] Rättvisa i fördelningen av politisk makt skall gälla enligt principen "lika för likar". Likheten kan dock, enligt Aristoteles, vara av två slag. Den ena är den 'numeriska likheten', som innebär att alla behandlas lika och erhåller lika av det som skall fördelas. Den andra är den 'proportionella likheten'. Där gäller att lika skall fördelas till likar och olika till olikar i sådana

---

[328] Dessa aspekter av rättvisa utvecklar han i Politiken.

proportioner att relationerna mellan de inblandade förblir vad den varit.[329] Var och en skall givas sin ”rätta” andel.[330]

Aristoteles använder sig av begreppet ”absolut rättvisa”. Han knyter då an till själva syftet med att *polis* existerar. Absolut rättvisa råder då *polis* styrs i enlighet med allmänintresset, det vill säga det gemensammas bästa.[331] Den absoluta rättvisan är av typen proportionell rättvisa. Den ger lika till likar enligt principen att till var och en fördela i proportion till värde och förtjänst. De som är av lika värde för uppnåendet av det goda *polis* gives lika, de av olika värde olika.

Om att så skall vara råder enighet, menar Aristoteles. Problemet är att det tolkas på skilda sätt. Det finns de som anser sig vara allas likar i värde och förtjänst. Utifrån att de är likar i ett visst avseende – de är alla födda fria män – ser de sig också i övrigt vara andras likar och därmed berättigade till lika. Andra återigen, utifrån att vara olika och överlägsna i något – till exempel i rikedom – anser de sig vara överlägsna också i annat. Och därmed berättigade till mer. Här har vi, hävdar Aristoteles, bakgrunden till demokrati och oligarki. [332]

Att olika grupper drar olika slutsatser av rättviseprincipen att lika värde betingar lika påpekas av Aristoteles också i Den nikomachiska etiken.[333]

För Aristoteles blev slutsatsen att det skulle strida mot rättvisans princip om man utgick från den numeriska eller aritmetiska likhetens princip och fördelade makt och belöningar lika till alla. Vissa bidrog nämligen med sina ädla handlingar mer än andra till *polis'* gemensamma bästa. Att, som man gör i demokratier, behandla alla som varandras likar, oberoende av deras be-

---

329 Aristoteles (1993), Bok V, kap. 1.
330 Aristoteles (2012/1967), Femte boken.
331 Aristoteles (1993), Bok III, kap. 6.
332 Ibid, Bok V, kap. 1.
333 Aristoteles (2012/1967), Femte boken.

tydelse för *polis'* bästa, är att gå emot den absoluta rättvisans princip.[334]

Demokrati kontra lag

Som vi ser återkommer Aristoteles ständigt till allmänintresset, till ”det gemensammas bästa”. Det är allmänintresset, inte särintressen, som skall styra. Detta är den röda tråd som löper genom hans resonemang om *polis,* och vi ser hur det fungerar som utgångspunkt för både hans definitioner av olika statsformer och hans bedömningar av dem. Huruvida en enda, ett fåtal eller många styr blir av mindre intresse för honom. Avgörande är förmågan att styra i allas gemensamma intresse.

Aristoteles tilltro till människornas förmåga att styra med ”allas bästa” för ögonen var, som nämndes, inte särskilt stor. Det fanns emellertid vissa han satte större tilltro till än andra. Det var 'de bästa', de som besatt bildning, dygd och duglighet. Vi har tidigare varit inne på att han menade att mellanskiktet borde styra. Det var denna grupp som kunde antas låta förnuftet, inte känslorna eller de egna begränsade intressena råda.

Men, som också sagts tidigare, ytterst behövdes principer. Principer som står över medborgarna och som de i sitt beslutsfattande har att följa. Det skall enligt Aristoteles finnas goda lagar för människorna att rätta sig efter,[335] lagar som med ”intelligens” och utan ”passioner” uttrycker det rätta.[336] Lagarna skall uttrycka den gyllene medelvägen.[337] Och eftersom lagen i sig inte har annan makt än vanans så krävs att den inte på något lättvindigt sätt kan ändras[338]

Med lag menade Aristoteles dock inte bara den juridiska lagen utan även allmänna moraliska rättesnören. Han hävdade till och

---

334 Aristoteles (1993), Bok III, kap. 9.
335 Ibid, Bok IV, kap. 8.
336 ”Lagen saknar känslor, men de måste finnas hos varje människosjäl.” Aristoteles (1993), Bok III, kap. 15, s. 201.
337 Ibid, Bok III, kap. 16.
338 Ibid, Bok II, kap. 8, s. 103.

med att det var den oskrivna lagen som var den ytterst överordnade. Den oskrivna lagen baserade sig på de oskrivna sedvänjorna, och dessa rörde de frågor som egentligen var människans allra viktigaste. Hur man än definierade lagen kunde den ändå aldrig vara heltäckande. Därför skulle makten ligga hos dem som hade blivit uppfostrade i de oskrivna sedvänjornas anda. Det är nämligen dessa personer som har de bästa förutsättningarna att kunna handskas med de frågor på vilka lagarna inte har något svar.[339]

Demokratier bygger emellertid på frihet och likhet som utgångspunkter, påpekade Aristoteles. Man menar där att var och en av medborgarna skall kunna leva som de vill och alla fria män skall dela makten lika.[340] Mängdens vilja, i realiteten de fattigas, blir där avgörande, och makten kommer därför att ligga hos en grupp som saknar det förnuft och den bildning som behövs för att sätta *polis'* bästa främst. I en demokrati kommer *polis* inte att styras med allmänintresset för ögonen, *polis* kommer att styras i de fattigas intresse.

Men styr då inte ytterst lagarna, med deras inriktning på allmänintresset, också i en demokrati? Jo, menade Aristoteles, så kan vara fallet under vissa omständigheter. I vissa former av demokrati är lagen suverän. Olika statsformer existerar nämligen inte bara i en enda ren form. I verkligheten förekommer blandformer och gradformer av dem alla. Därför finns enligt Aristoteles olika grader och varianter av demokrati. Vissa former av demokrati kännetecknas av att lagen utgör den yttersta och avgörande principen för de beslut som fattas. Andra demokratier däremot kännetecknas av att *demos'* beslut står över lagen.[341]

---

339 Ibid, Bok III, kap. 16.
340 Ibid, Bok VI, kap. 2.
341 Ibid, Bok IV, kap. 4.

I vilken form av demokrati kan allmänintresset råda?

Det som avgör vilken form eller grad av demokrati som råder är *demos'* sociala sammansättning.[342] Om de flesta av dem lever under sådana omständigheter – som då de flesta är jordbrukare – att de inte kan ta sig ledigt för att delta i politiken, blir lagen avgörande. *Demos* kommer då inte att kunna lägga sig i politiken i särskilt stor utsträckning. I stället för att styra den efter sina egna önskningar måste de låta lagens principer vara styrande.

”Extrema” demokratier karakteriseras av en annorlunda situation. De är resultat av städernas tillväxt. När städerna växer ökar intäkterna och det blir möjligt att ur *polis'* kassa ersätta medborgarna för deras medverkan i politiken. De fattigare medborgarna hindras därför inte längre från att delta. Också de som saknar förmögenhet kan ta på sig olika politiska uppgifter. De förmögna däremot, som måste se efter sina egendomar, förhindras ofta från att delta i folkförsamlingarnas och domstolarnas möten. Resultatet blir, påpekade Aristoteles, den extrema formen av demokrati, där det inte är lagen utan den egendomslösa massans spontana önskningar och nycker som ytterst råder.

Helt logiskt blir Aristoteles slutsats därför att den bästa formen av demokrati finner man i ett samhälle där *demos* i huvudsak kommer ur en agrar befolkning bosatt på avstånd från städerna.[343]

> *Genom att dess medlemmar inte har någon stor förmögenhet hålls de upptagna, så att de inte så ofta kan sammanträda i folkförsamlingen, och genom att de har livets nödtorft ägnar de sig åt sina sysslor och eftertraktar inte andras egendomar, utan det lockar dem mera att arbeta än att ägna sig åt politik och inneha ämbeten när det ekonomiska utbytet av ämbetena är ringa. De flesta strävar nämligen hellre efter vinning än ära. Detta bevisas av att de fann sig i de gamla tyrannierna, och nu finner sig i oligarkierna, om man bara lämnar dem i fred att sköta sina sysslor och inte berövar dem något; … Dessutom är det tillfyllest att ha*

342 Ibid, Bok IV, kap. 6.
343 Ibid, Bok VI, kap. 4.

kontrollen över val och granskning av ämbetsmännen för dem som har någon ärelystnad …. (s 393)

Vi har alltså sett att demokrati, åtminstone i vad Aristoteles definierar som dess ”renare” eller mer extrema form, kolliderar med hans uppfattning om vad som konstituerar ett gott samhälle. Denna demokrati står i motsättning till ”allas gemensamma bästa”. Den står därför i motsättning till människornas möjlighet att kunna leva i enlighet med sin sanna och naturliga bestämmelse.

Enligt Aristoteles tycks den bästa möjliga varianten av demokrati således vara den där *demos* visserligen har den formella rätten att delta, men där de på grund av sina levnadsomständigheter för det mesta håller sig borta. *Demos'* huvudsakliga form av politiskt deltagande kommer i en sådan form av demokrati att bestå i att välja ut och kontrollera de ämbetsmän som skall utöva politiken. Därmed blir det allmänintressets princip, företrädd av lagen och mellanskiktet, som får möjlighet att styra.

Aristoteles – både antikens och senare tiders demokratiteoretiker?

Det tankearv kring demokrati som Aristoteles, en av antikens mest betydelsefulla filosofer och dess egentlige demokratiteoretiker[344], skänkt till eftervärlden skulle kunna sammanfattas på följande sätt:

---

[344] Med “demokratiteoretiker” menar jag att det var Aristoteles som på allvar gjorde fenomenet demokrati till föremål för omfattande empiriska, teoretiska och normativa analyser. Det handlar alltså inte om att han skulle ha utvecklat någon teori som argumenterade *för* demokrati. Kanske bör det då tilläggas att inte heller grekerna själva utvecklade någon sådan teori. Åtminstone inte enligt Finley (1996/1985/1973), s. 28, 49.

För att en stat skall kunna fungera i enlighet med sin inneboende bestämmelse måste den styras till allas bästa. Den stat som styrs i blott en begränsad grupps intresse blir en dålig stat.

Absolut rättvisa råder då staten styrs utifrån allmänintresset. Denna form av rättvisa råder då den politiska makten fördelas i proportion till vars och ens värde, värde då definierat som förmågan att bidra till det gemensammas bästa.

Det är svårt för människorna att kunna styra till andras bästa. Det är därför lagen är nödvändig. Det måste finnas lagar som står över medborgarna och som uttrycker allmänintressets principer. De styrande har att rätta sig efter dessa lagar.

Den ”rena”, ”extrema” demokratin går enligt Aristoteles emot allt detta. I en sådan demokrati råder den typ av rättvisa som tillskriver varje medborgare, oberoende av förmåga och duglighet, lika värde och därför lika makt. I en sådan demokrati sätts lagen ur spel av *demos* beslut. I en sådan demokrati är det de fattigas intressen som gäller. Den rena demokratin är, för att sammanfatta Aristoteles demokratisyn, en dålig statsform eftersom den inte styrs med allmänintresset för ögonen.

Denna Aristoteles syn på demokrati kom att stå sig länge. Definitionen av demokrati som de fattigas direkta och oinskränkta makt hade en långtgående överlevnadskraft. Det skulle dröja två årtusenden, ända fram till den franska revolutionens dagar, innan någon grupp på allvar ställde demokrati som en positiv politisk paroll. Och det skulle dröja ändå längre, ända fram till 1900-talets mitt, innan ordet demokrati mera allmänt kom att få den positiva klang vi är vana vid idag. Men då hade också innebörden av begreppet demokrati genomgått en omvandling och för de flesta kommit att stå för något annat än den form av demokrati som varit föremål för Aristoteles kritiska ord.

Dagens demokrati är som vi vet av annat slag än de antika grekernas. ”All makt utgår från folket” står det i den svenska regeringsformens första kapitels första paragraf. Det betyder dock inte att makten utövas direkt av folket. I dagens form av demokrati uttrycker sig inte medborgarnas makt, som hos de gamla grekerna, i direkta former. I dagens form av demokrati överlämnar medborgarna själva beslutsfattandet åt sina valda representanter, och verkställandet och dömandet åt anställda tjänstemän. Med lagen som ledstjärna förväntas dessa sedan sköta detta med samhällets bästa för ögonen.

Det styrelseskick vi har idag i Sverige skulle inte ha kallats demokrati av Aristoteles. Här råder knappast de fattigas styre i eget intresse. Det vi har idag påminner i så fall snarare om hans moderata form av demokrati, där *demos* för det mesta håller sig borta och därmed överlämnar åt lagen att styra genom mellanskiktet, en variant av demokrati som ju Aristoteles var villig att acceptera.

Men egentligen ligger nog den styrelseform vi har idag närmast det som Aristoteles kallade en aristokrati. Åtminstone när man betänker hur vi vill att den skall fungera. Vi försöker ju, via våra röster på ett visst parti, välja ut ”de bästa” politikerna, med avsikten att dessa sedan skall styra samhället med allas vårt väl för ögonen.

Betyder detta att vi, liksom Aristoteles, ser en motsättning mellan demokrati, i betydelsen de mångas aktiva och direkta inflytande, och ett samhälle baserat på förnuft och med ”allas bästa” för ögonen? – Till denna fråga återkommer jag i mitt avslutande kapitel.

DEN ANTIKA DEMOKRATINS AKTUALITET IDAG

Jag började detta arbete för att jag var nyfiken på själva ordet demokrati. Vad betyder det egentligen? Existerar det någon betydelse som det kan vara meningsfullt att kalla mer korrekt än andra? Varför använder olika grupper begreppet på så olikartade sätt? Som till exempel i fallet Ålidhem.

Dessa frågor förde mig efter en tid till antikens värld, till Grekland och stadsstaten Athen. Det var ju där som själva begreppet demokrati ursprungligen hade uppstått och historiens först kända demokrati hade vuxit fram.

Vad hade man där menat med begreppet demokrati? Varför hade detta begrepp överhuvudtaget dykt upp just i antikens Grekland? Varför just där och varför just då? Vad ville man sätta namn på? Hur såg den grekiska antikens demokrati ut? Vilken var dess bakgrund? Hur och varför hade den uppstått? Och varför hade den gått under? Hur såg den bakomliggande händelsekedjan ut? Detta var frågor jag ville söka svar på.

Jag kom att ägna en hel del tid åt filosofen Aristoteles. Jag fann att ville jag få grepp om hur ordet demokrati definierades och användes under den grekiska antikens tid så behövde jag också lära känna denne antikens demokratiteoretiker. Hans analyser av demokrati har ju dessutom haft betydelse långt fram i historien. Vad gick de ut på? Hur hängde de ihop med hans allmänna filosofiska tänkande?

Efter hand upptäckte jag att mitt arbete kring antikens demokrati förde mig tillbaka till nutiden. Jag började se på vår egen tid med delvis nya ögon, vilket i sin tur ledde mig till nya frågor. Det är med några tankar kring dessa frågor som jag, under följande rubriker, avrundar mitt arbete kring antikens demokrati:

- Antikens demokrati var direkt. Varför?
- Att representeras av andra.
- Demokrati som vidareutveckling av redan existerande strukturer.
- Är genomförandet av demokrati beroende av goda tider?
- Råder det motsättning mellan demokrati och allmänintresset?
- Parlamentarism som en nutida form av demokrati.
- Ett nytt historiskt läge?

Antikens demokrati var direkt. Varför?

Genom åtskillnaden mellan ett direkt och ett indirekt politiskt inflytande kommer man in på en av de viktigaste skiljelinjerna mellan antikens och nutidens demokratier.

I antikens demokrati var det de manliga medborgarna som själva styrde. De gjorde detta i dubbel bemärkelse. För det första var det de själva som personligen fattade besluten i Folkförsamlingen, dit de alla hade lika tillträde. För det andra verkställde de själva de beslut som de fattat. Beslutade man till exempel om krig skulle man själv gå ut i detta krig. Och ämbetsposterna innehades inte av någon speciellt utvald person eller grupp utan roterade genom lottning bland dem själva.

Den antika demokratins styresformer innebar alltså en direkt form av maktutövning. De fria athenska männen bestämde själva tillsammans vilka frågor de skulle ta upp till beslut. De stiftade själva sina lagar, de administrerade själva sin stat och de dömde själva i folkdomstolarna.

Vi har sett att dåtidens demokrati gällde för en begränsad del av befolkningen. Men för denna grupp, det vill säga de vuxna manliga athenska medborgarna, innebar demokrati att det var de själva som direkt – inte via ombud eller representanter – styrde och förvaltade sin stat.

Detta motsäger naturligtvis inte att vissa medborgare hade större möjligheter, förmåga eller önskan att ta del i det politiska livet än andra. Exempelvis lär lantbefolkningens medborgare många gånger varken ha haft tid eller råd att delta i det mera regelbundna styrandet.

Lottningsprincipen i kombination med rotationsprincipen, att ingen fick inneha en viss post mer än ett år och en gång i livet, innebar att det varken utkristalliserade sig någon speciell fristående politikergrupp eller ämbetsmannagrupp. Undantaget var de militära strategerna (generalerna), som valdes och kunde väljas på nytt. Deras förslag måste dock föreläggas Folkförsamlingen för att bli godkända och därmed kunna genomföras.

Dagens demokratier fungerar ju annorlunda. De utgör indirekta former av styrelseskick. I den svenska regeringsformen, (1 kap, 1§), beskrivs detta med följande ord: *All offentlig makt i Sverige utgår från folket. ... Den svenska folkstyrelsen ... förverkligas genom ett representativt och parlamentariskt statsskick och kommunal självstyrelse.*.[345]

Mer konkret, men mycket schematiskt, utövar medborgarna i dagens Sverige sitt politiska inflytande genom att, i regelbundna allmänna och fria val, ge sin röst till det parti vars utsedda representanter man vill låta sig företrädas av i parlamentet/riksdagen. Det parti som då fått flest röster får uppgiften att bilda en regering. Denna regering får sedan utöva makten så länge den kan behålla parlamentets förtroende.

Ibland säger man att ett politiskt beslut, för att definieras som demokratiskt, skall ha fattats "i vederbörlig ordning". Underförstått brukar detta betyda att det skall ha fattats enligt den representativa parlamentarismens principer.

Vårt nutida system bygger på att vi röstar fram de politiker vi anser skall vara de bäst lämpade att fatta kloka politiska beslut å

345 *SFS nr 1974: 152,* 1 kap., 1 §.

våra vägnar. Det statsskick vi idag kallar demokrati skulle därför ha kallats något annat i det antika Athen. Inte minst av Aristoteles. Enligt Aristoteles indelning av olika statsformer skulle vårt styrelseskick ha gått under benämningen 'aristokrati', det vill säga ”de bästas styre”.

Ett politiskt system med valda representanter gick långt fram i historien under benämningen 'aristokrati'. Till exempel hos 1600-talsfilosoferna Hobbes och Spinoza.[346] Demokrati var för dem ett styrelseskick där det var medborgarna själva som styrde och stiftade sina lagar. En stat som i stället styrdes av ett valt, representativt organ var för dessa filosofer en aristokrati.

Idag betraktar vi antikens direkta demokrati som en för oss omöjlig politisk styresform. Inte bara för att den var begränsad till att gälla enbart för de manliga medborgarna. Idag är det en praktisk omöjlighet för alla medborgare att kunna träffas och tillsammans med varandra diskutera och fatta de politiska besluten. De frågor som skall beslutas är i regel också mer komplexa. Vi har dessutom definierat vissa frågor som liggande utanför politikens område. Och inte minst är vi rädda för vart ett oinskränkt majoritetsstyre kan leda.

Vi dömer alltså ut antikens demokrati som samhällsmodell för att vi inte finner den användbar eller önskvärd. Det är dock lätt hänt att vi då samtidigt dömer ut den helt och hållet. Det vill säga att vi förskjuter antikens demokrati till att vara något som överhuvudtaget saknar aktualitet för oss i dagens värld. Men det finner jag i så fall vara en förhastad slutsats, antikens demokrati kan ju ha en annan form av aktualitet. En inblick i antikens demokrati kan, enligt min mening, vara av stort värde för att den kan skärpa vår blick. Den kan hjälpa oss att bli mer uppmärksamma på – och därmed bättre på – att kunna ställa kritiska frågor till demokratin i vår egen tid.

Exempelvis finner jag det vara skäl att reflektera över *varför* antikens manliga athenare utformade sina politiska

346 Naess m.fl., s. 95–100.

besluts[347]strukturer som de gjorde. Antikens manliga athenska medborgare kunde ju inte tänka sig något annat än en direkt form av styre, det vill säga ett styre där det var de själva som personligen och tillsammans styrde och fattade sina beslut. Det var i enlighet med detta som de utformat sina politiska styresformer. Varför ingick det då inte i deras tankevärld att man skulle kunna överlåta åt någon annan att fatta beslut å ens egna vägnar?

Rimligen kan man hitta troliga förklaringar i grekernas historia. En startpunkt kan vara att se tillbaka till själva uppkomsten av *polis*. Vi har kunnat följa hur grekerna, efter de stora kungarikenas sammanbrott och de efterföljande "mörka" århundradena, kom att leva och organisera sig i små, geografiskt åtskilda, från varandra isolerade boplatser och samhällen. I dessa samhällen, det vill säga senare tiders *polis*, var de utlämnade till sig själva att efter eget huvud klara sin överlevnad och försvara sig. De blev således vana vid att själva, utan yttre påbud, sköta sina gemensamma angelägenheter.

I detta historiska sammanhang kan vi också finna en grund för synsättet att militära insatser skulle åtföljas av politiskt inflytande. *Polis* hade ju i hög grad uppkommit som en försvarsgemenskap, där det var de vapenföra männen själva som utgjorde *polis*. Någon stående eller fristående här existerade inte, det var de manliga medborgarna själva som bekostade sin utrustning och tillsammans drog ut i strid. Häri låg grunden till att man också delade de politiska rättigheterna. Det var de egna insatserna, med egna vapen, som berättigade till att med sin röst vara med och styra *polis*. Ju större insatser, för att försvara eller i krigståg berika *polis*, ju större politisk makt.

I tidigare kapitel har vi också kunnat följa hur en för antikens greker speciell tankevärld – och ett speciellt filosofiskt tänkande – hade vuxit fram och utvecklats. Det talas ofta om att ett utmärkande drag hos grekerna var den vikt de la vid självständighet

---

347

och att inte vara i beroendeställning till någon annan. Det är intressant att finna att häri ingick också den för grekerna unika uppfattningen att det var de själva som skulle styra sitt samhälle.

Den yttersta makten låg således inom *polis* självt. Den låg inte hos en kung eller enväldig härskare. Gudarna ansågs viktiga men det var inte de som styrde. Det existerade inte något prästerskap eller andra religiösa auktoriteter. Religionen existerade inte som någon central auktoritet. I grekernas tankevärld innebar att vara människa, i alla fall för de fria männen, att själv bestämma över sina handlingar, att leva obunden av andras vilja.

Att representeras av andra

Vi motiverar vår demokrati med att vi vill själva vara med och styra våra liv, vi vill inte att andra beslutar åt oss, vi vill inte vara undersåtar. I detta avseende tycks vi inte skilja oss mycket från de athenska manliga medborgarna i antikens Athen, även om vi skiljer oss åt i annat.

Vi har sett hur de olika delarna av den politiska strukturen var utformade för att antikens manliga athenska medborgare på ett direkt sätt själva skulle styra. Eftersom det var en omöjlig tanke att lämna över åt andra att fatta de politiska besluten fattade man dem tillsammans i Folkförsamlingen, dit de alla hade lika tillträde. Likaså var det en omöjlig tanke att lämna över åt andra att verkställa de gemensamma beslut man fattat. Därför hade man former för att turas om med detta.

Vi finner alltså att den politiska strukturen under den antika demokratins tid var uppbyggd för att motverka att det skulle bildas speciella, avskilda, fristående politiker- eller ämbetsmannagrupper.

I dagens samhälle är det annorlunda. Vi skiljer mellan medborgare, politiker och tjänstemän/ämbetsmän. Vår form av demokrati vilar på denna åtskillnad. Gruppen medborgare väljer den grupp politiker man vill bli representerad av i riksdagen.

Gruppen ämbetsutövare och tjänstemän utses på yrkesmässiga grunder och åt denna grupp anförtror vi att administrera och att verkställa de beslut som politikerna fattat.

Finns här en ofrånkomlig konflikt inbyggd – om vi själva vill styra vårt samhälle? I vilken mån är en sådan uppstyckning av styresprocessen möjlig utan att vi som enskilda medborgare i praktiken tappar vårt reella inflytande? Vad händer så att säga på vägen, det vill säga i kedjan medborgare – politiker – tjänstemän?

Till skillnad från under antikens tid handlar det inte heller om ett enda demokratiskt system, det vill säga inte bara om *polis*. I dagens samhälle har vi flera olika och samtidiga demokratistrukturer inflätade i varandra. Vid sidan av det politiska demokratiska systemet på nationell nivå har vi de demokratiska beslutsstrukturerna på regional och lokal nivå. Och – som om detta inte vore tillräckligt komplicerat – har vi inom ”triangeln” medborgare-politiker-tjänstemän också tjänstemännens yrkesmässiga ställningstaganden och rutiner att också behöva väga in. Ute i samhället finns sedan också olika icke-politiska intresseorganisationer. Internt är de ofta uppbyggda enligt demokratiska principer, men de ingår inte som någon formell del av den parlamentariska demokratins politiska struktur. Ofta är de ändå invävda i det nutida politiska nätverket.

För den grekiska antikens manliga medborgare var det, som vi varit inne på flera gånger, en omöjlig tanke – så omöjlig att den inte ens tycks ha tänkts – att politiskt inflytande skulle kunna innebära att man överlämnade åt andra att besluta å ens vägnar. Dagens medborgare låter sig däremot representeras av andra. Man skulle kunna säga att hela vårt politiska system bygger på att det är möjligt – eller åtminstone nödvändigt – att vissa för andras talan.

Men om detta egentligen inte är möjligt? Om det faktiskt är så att ingen människa har förmågan att helt och hållet kunna sätta sig in i en annan människas situation, tankar och åsikter, vare sig man är politiker, expert eller mera allmänt medmänniska – vart för det oss? Betyder det att vi borde övergå, eller återgå, till antikens direkta form av demokrati?

Nej, knappast. I dagens värld skulle vi inte klara oss utan någon form av representativt, det vill säga indirekt, politiskt system. Vi tycks därför befinna oss i den paradoxala situationen att även om det egentligen inte är möjligt att i djupare mening kunna tala för en annan människa måste vi ändå ha ett politiskt system som utgår från att detta är möjligt. Det vill säga att vi måste ha ett styrelseskick som bygger på någon form av representativitet.

Kan man då överhuvudtaget få ett representativt system att fungera demokratiskt? Det vill säga om man med demokrati menar att det är de många som skall ha ett verkligt, reellt inflytande? Hur skall detta gå till om det egentligen är så att det inte i någon djupgående mening är möjligt att representera eller företräda någon annan människa? – Här ligger, enligt min mening, en av den moderna demokratins mest utmanande och avgörande frågor.

Troligen förutsätter en demokrati som vill hålla sig öppen för största möjliga inflytande för sina medborgare en särskild sorts politiker, myndighetspersoner och sakexperter. Troligen förutsätter det personer som *inte* tror att de själva, eller någon person överhuvudtaget, besitter en förmåga att faktiskt kunna veta eller avgöra vad en annan människa tänker, känner, vill eller bäst kan behöva. Varken i kraft av sitt politiska mandat eller sin fackliga kompetens. Troligen är förmågan till lyhördhet och ödmjukhet det som är mest avgörande för om någon skall kunna fatta goda beslut å andras vägnar. Men lyhördhet och ödmjukhet är knappast förmågor som med automatik följer av att man valts som representant eller utsetts till ett visst ämbete eller tjänst.

Demokrati som vidareutveckling av existerande strukturer

Den athenska demokratin växte alltså inte fram för att man på förhand haft en föreställning eller vision om demokrati som man ställt upp och sedan drev igenom. Den athenska demokratin var inte resultatet av några helt nya styresformer som man införde någon viss dag "D". Den växte snarast fram som gradvisa anpassningar av de beslutsstrukturer som sedan länge funnits på plats. Strukturer som i sin tur vuxit fram ur de mycket speciella geografiska respektive historiska resursmässiga, maktmässiga och tankemässiga förhållanden som kännetecknade de dåtida små grekiska samhällena, och Athen i synnerhet. I ett visst historiskt läge, 400-talet före vår tideräkning, började man använda begreppet demokrati som namn på den styresform som då alltefter-som hade vuxit fram.

Folkförsamlingen, folkdomstolarna, ämbetsposterna och sättet att fatta beslut hade i stort sett redan funnits på plats. Den avgörande ändringen tycks snarast ha legat däri att tillträdet till dessa redan existerande instanser vidgades och kom att innefatta även 'de många', det vill säga alla, även de fattiga, athenska manliga medborgarna.

Att antikens demokrati handlade om ett breddat tillträde till redan befintliga politiska strukturer, snarare än ett ersättande av gamla strukturer med nya, synes intressant nog ha gått igen vad gäller nutidens demokratier. Också de bygger i hög grad vidare på sedan tidigare existerande politiska strukturer. Till exempel fanns redan före vår tids demokratier representativa styrelse-system med en regering som var ansvarig inför parlamentet (eller riksdagen).

Såväl nutidens demokratier som antikens demokrati tycks ha vuxit fram som en vidareutveckling av befintliga politiska strukturer snarare än genom införandet av något helt nytt. Det gemensamma har då varit att man breddat tillträdet till den redan existerande politiska maktsfärens beslutsstrukturer.

Vad är innebörden av detta? Är detta något som gäller generellt? Betyder det att man skall uppfatta tillblivelsen av statsformen demokrati i ett visst land som en vidareutveckling av just detta lands specifika historiska omständigheter och politiska beslutsstrukturer, snarare än som någonting helt nytt? Betyder det att varje enskilt land endast kan utveckla just sin egen historiskt betingade form av demokrati? Det vill säga ett breddat tillträde till de former av politiskt inflytande som i just detta land steg för steg vuxit fram genom den egna specifika historien. Betyder detta att det egentligen inte är meningsfullt att ställa upp någon på förhand given definition av ”ett demokratiskt samhälle”, som man sedan skall försöka driva igenom.

Vad händer i så fall om man i ett visst land försöker införa något nytt som helt bryter med de befintliga politiska strukturerna? Vad skulle detta betyda för alla de länder som idag försöker slå sig in och fram på demokratins bana? Under vilka förutsättningar går detta överhuvudtaget att genomföra?

Vi vet att under vissa historiska förutsättningar har tankar och visioner om demokrati lett till att man ändrat på de existerande grundläggande politiska strukturerna och maktförhållandena. Men, det har inte alls självklart betytt att de nya strukturerna faktiskt har blivit – eller förblivit – demokratiska. Åtminstone inte i betydelsen de mångas reella politiska deltagande och inflytande.

Kanske är skälet då att de nya ”demokratiska” styresformer som införts inte haft fäste i landets egen specifika och komplexa sociala, kulturella och politiska historia. Kanske var de nya styresformerna hämtade och inplanterade utifrån. Kanske från de politiska teoriernas abstrakta värld eller från samhällen eller kulturer vars tänkande, maktförhållanden och politiska strukturer utvecklats ur just deras speciella – men annorlunda – historia.

Är genomförande av demokrati beroende av goda tider?

Vi har sett att demokrati i det antika Athen betydde 'de mångas', i betydelsen samtliga vuxna manliga medborgares tillträde till det politiska styrandet. Många fattiga medborgare kom därmed att ingå bland de styrande. Det förefaller därför rimligt att anta att den politik som då bedrevs kom att ligga också i de många "icke-förmögna" medborgarnas intresse.

Vi har kunnat se att en sådan politik bedrevs under den athenska demokratins blomstringsperiod. Athen hade vid denna tidpunkt utvecklats till ett rikt imperium. Tack vare det egna handelsuppsvinget, rika silverfyndigheter och möjligheten att inkassera tributer från sina allierade eller helt enkelt ta för sig av deras landområden hade Athen resurser att kunna fördela, också åt de fattiga. Och – vilket troligen var särskilt viktigt – detta behövde inte innebära några avgörande omfördelningar. Man behövde inte ta från de rika för att de fattiga skulle kunna få.

Vi har sett att militära insatser och politiskt inflytande, av historiska skäl som var speciella för de grekiska stadsstaterna, ansågs hänga ihop. När därför Athens utrikespolitiska situation hade lett till en militärstragisk situation där det blivit nödvändigt med en stark krigsflotta så betydde det att de fattiga medborgarnas militära insatser behövdes. Även om de själva inte kunde stå för sin beväpning så behövdes de som roddare. Därmed blev det också naturligt att de skulle ha ökad politisk makt.

Samtidigt inträffade detta i ett läge då *polis'* ekonomiska situation var sådan att deras inträde i styrandet inte behövde störa de rådande maktförhållandena. Man behövde inte ta av de rikas resurser för att kunna ge till de fattigare medborgarna. I praktiken tycks goda tider ha utgjort en av grundförutsättningarna för att 'de många' skulle kunna släppas in i styrandet – och att antikens demokrati därmed kom att bli till.

Kan ett sådant samband vara aktuellt också i nutid? Det vill säga att en demokrati förutsätter goda tider för att bli till. Kanske är det så att de nutida demokratier som lyckats konstituera sig har befunnit sig i samhällen som haft tillräckligt lyckliga ekonomiska omständigheter. Goda statsfinanser är kanske en förutsättning för att demokratiska idéer skall kunna bli till demokratisk praktik.

Råder motsättning mellan demokrati och allmänintresset?

Begreppet demokrati aktualiserar inte bara frågor om vilka och hur många som styr och hur styrandet går till. Det aktualiserar också frågan om vad som blir resultatet av det politiska styrandet.

Aristoteles var kritisk till demokrati. Enligt honom stod demokrati och allmänintresset i motsättning till varandra. En stat skulle, hävdade han, styras i enlighet med allas bästa, annars var själva meningen med staten förfelad. Enligt Aristoteles var detta inte möjligt att uppnå i en demokrati.

Vi kan erinra oss att Aristoteles i sin klassifikation av olika statsformer inte bara fäste avseende vid antalet styrande. Avgörande för om det var en bra eller dålig statsform var i vems intresse den eller de styrande styrde. Det som avgjorde var om styrandet skedde för hela statens väl eller om det skedde i blott eget eller någon viss grupps begränsade intresse.

Människan måste, enligt Aristoteles, leva i *polis*. Endast där kan hon leva i enlighet med sin natur som en förnuftigt handlande varelse, som varken förleds av sina känslor eller sina omedelbara önskningar, utan söker ”den gyllene medelvägen”. Utlämnad till sig själv klarar inte människan detta. Men då måste *polis* i sin tur fungera i enlighet med sitt egentliga syfte, det vill säga sin naturliga bestämmelse. *Polis* måste styras utifrån allmänintresset, utifrån allas bästa för ögonen.

En demokrati kännetecknades enligt Aristoteles av att det var ’de fattiga’ som styrde och att de gjorde detta i sitt eget intresse. Att demokrati ofta definieras som ett styre av ’de många’ kommenterade han med att de fattiga alltid var just ’de många’.

Det existerade dock enligt Aristoteles olika varianter av demokrati. Den bäst möjliga var den där mellanskiktet styrde. Det var denna grupp som enligt honom var mest benägen att låta förnuftet råda. Det var den som var mest benägen att eftersträva måttfullhet och ”den gyllene medelvägen”, vilket i sin tur utmärkte det goda livet. Aristoteles hävdade att såväl de rika som de fattiga var dåliga på att låta förnuftet råda.

I vårt samhälle förefaller väl Aristoteles tankar om en motsättning mellan demokrati och allmänintresset knappast särskilt aktuella, åtminstone vid ett första påseende. Men hur är det egentligen?

Vi talar idag om allmänna och universella värden, det vill säga om värden som skall gälla för hela samhället och alla människor överallt, inte bara för vissa grupper. Vi hävdar alla människors grundläggande fri- och rättigheter, jämlikhet och de svagas rätt till hjälp och skydd. Vi menar att värden som dessa måste stå över den dagliga politikens tillfälliga svängningar, där enskilda starka gruppers egenintressen kan ha lätt att slå igenom.

Är då innebörden av detta att också vi – liksom en gång Aristoteles – egentligen ser en motsättning mellan demokrati, i meningen 'de mångas' styre, och allmänintresset?

Ett indirekt svar på denna fråga ges i den svenska regeringsformen, en av Sveriges fyra grundlagar[348] och den som innehåller grunderna för det svenska statsskicket. Där slås det i första kapitlets inledande mening fast att all offentlig makt *utgår från folket*, men omedelbart därefter framgår att denna makt inte får utövas förutsättningslöst. *Folkstyrelsen* skall, förutom att vara representativ och parlamentarisk, utövas *under lagarna* och *med respekt för alla människors lika värde och för den enskilda människans frihet och värdighet.*

Därpå följer en uppräkning av ett antal mål som *det allmänna* skall verka för eller främja. Dessa handlar om välfärd, hållbar

---

[348] De övriga tre är yttrandefrihetsgrundlagen, tryckfrihetsgrundlagen och successionsordningen. (*SFS 1976:871*)

utveckling, demokratins idéer, delaktighet och jämlikhet, motverkande av diskriminering samt det samiska folkets och etniska, språkliga och religiösa minoriteters möjligheter att behålla och utveckla ett eget kultur- och samhällsliv. [349] I regeringsformens andra kapitel presenteras sedan de grundläggande friheter och rättigheter som skall gälla för alla individer. Dessa grundlagsfästa fri- och rättigheter skall *var och en* tillförsäkras *gentemot det allmänna.*[350,351,352]

Intressant nog förekommer inte själva ordet demokrati i regeringsformen. Det enda som sägs angående demokrati hittar man bland de nyss uppräknade målen. Där står att *det allmänna ska*

---

349 SFS nr 1974: 152. Kap. 1, §1-2.
Den enskildes personliga, ekonomiska och kulturella välfärd ska vara grundläggande mål för den offentliga verksamheten. …
Det allmänna ska främja en hållbar utveckling …
Det allmänna ska verka för att demokratins idéer blir vägledande inom samhällets alla områden samt värna den enskildes privatliv och familjeliv.
Det allmänna ska verka för att alla människor ska kunna uppnå delaktighet och jämlikhet i samhället och för att barns rätt tas till vara. Det allmänna ska motverka diskriminering av människor på grund av kön, hudfärg, nationellt eller etniskt ursprung, språklig eller religiös tillhörighet, funktionshinder, sexuell läggning, ålder eller andra omständigheter som gäller den enskilde som person. … Samiska folkets och etniska, språkliga och religiösa minoriteters möjligheter att behålla och utveckla ett eget kultur- och samfundsliv ska främjas. … .

350 *Var och en är gentemot det allmänna tillförsäkrad 1. yttrandefrihet …2. informationsfrihet … 3. mötesfrihet … 4. demonstrationsfrihet … 5. föreningsfrihet … och 6. religionsfrihet …* . I samma kapitel anges vidare att *Ingen får av det allmänna tvingas ge till känna sin åskådning i politiskt, religiöst, kulturellt eller annat sådant hänseende. … Ingen svensk medborgare får utan samtycke antecknas i allmänt register enbart på grund av sin politiska åskådning.* (Ibid, Kap 2, §1-3.)

351 Det kan noteras att begreppet 'medborgare' endast används i Kap 2, §3 och §7.

352 Det bör poängteras att det politiska handlandet även är beroende och inskränkt av Sveriges deltagande i olika internationella sammanhang: *Sverige är medlem i Europeiska unionen. Sverige deltar även inom ramen för Förenta nationerna och Europarådet samt i andra sammanhang i internationellt samarbete. Lag (2010:1408).* Ibid, Kap 1, §10.

verka för att demokratins idéer blir vägledande inom samhällets alla områden ....

Man skulle kunna hävda att vår regeringsform uttrycker en modern variant av Aristoteles syn på relationen mellan demokrati och allmänintresset. Det vill säga att demokrati, om det tolkas som 'de mångas' styre, kan komma att stå i motsättning till allmänintresset. Visserligen säger vi inte att vi delar Aristoteles oro för "de fattigas styre". Men vi är tydligen ändå, liksom Aristoteles, oroliga för vart ett styre av 'de många' skulle kunna leda. Om det släpptes fritt.

Aristoteles såg det som en bättre form av demokrati om stora delar av de fattiga, på grund av sina levnadsomständigheter, saknade de praktiska möjligheterna att kunna delta i Folkförsamlingens arbete. Då skulle det bli mellanskikten och lagen, och därmed allmänintresset, som i praktiken kom att styra.

I dagens demokratier, där vi menar att alla skall vara med, skriver vi in restriktioner i grundlagen. Dessa skall säkerställa att besluten fattas i enlighet med vissa bestämda värderingar. Att i regeringsformen slå fast alla människors lika värde och allas grundläggande fri- och rättigheter skulle kunna beskrivas som vårt nutida sätt att värna allmänintresset. Vi sätter gränser för 'folkstyrelsen' för att den inte skall komma i motsättning till "allmänintresset".

Parlamentarism som en nutida form av demokrati

I den svenska regeringsformen slås det alltså fast utifrån vilka grundläggande värderingar som allt politiskt beslutsfattande skall ske. Det slås också fast hur själva styrandet skall gå till. Det skall *förverkligas genom ett representativt och parlamentariskt statsskick och genom kommunal självstyrelse.*[353]

---

353 Konkret beskrivs detta framförallt i SFS nr 1974: 152, Kap. 3-15.

Många av dagens demokratier går under beteckningen parlamentarisk demokrati.[354] Bakgrunden till begreppet parlamentarism är därför intressant.[355] Själva ordet härleder sig från 'parlament', med en ursprunglig betydelse av samtal, att "underhandla med fienden; inlåta sig i underhandlingar, dagtinga".[356] När det gäller den politiska styresformen parlamentarism kan den spåras så långt tillbaka som till 1200-talets England. Då handlade det om att ständerförsamlingar kontrollerade och gav råd till den regerande kungamakten, som därigenom fick sin legitimitet.

I sin moderna gestalt uppstod parlamentarismen i samband med den så kallade ärorika revolutionen i 1600-talets England. Ständerförsamlingen övergav då sin ditintills, gentemot kungen, rent rådgivande och kontrollerande funktion och hävdade i stället sin suveränitet. Parlamentet övergick därmed från att vara en instans som begränsade kungens eller drottningens makt till att ersätta honom eller henne som yttersta maktinstans. Den utövande makten kunde kungen/drottningen bara behålla så länge han/hon åtnjöt parlamentets förtroende.

Parlamentarism handlade med andra ord om hur och på vilka villkor de medborgare som hade politiska rättigheter, via sina representanter i parlamentet, delegerade sin makt vidare till den regerande och utövande makten. Parlamentarism som styresform handlade således inte om dessa medborgares eget personliga direkta deltagande i den styrande och utövande makten.

Ställer man de två styrelseskicken parlamentarism och demokrati i deras ursprungliga betydelser i relation till varandra, finner man således att det rör sig om två innehållsmässigt olika styresformer.[357] Demokrati handlade, som vi har kunnat följa, ur-

---

354 Styrelseskicken i nutidens demokratier ingår, beroende på hur representativitetens former är uppbyggda, schematiskt uttryckt, i endera av de två huvudkategorierna: 'parlamentarism' respektive 'presidentialism'.

355 Se t.ex. Hedman.

356 Se exempelvis Nordisk Familjebok, band 21 (1915), sp 130.

357 Se bl.a. Hansson och Hermansson, inledningen.

sprungligen om självstyre och självförvaltning medan parlamentarism handlade om att kontrollera och begränsa regeringens, det vill säga den utövande maktens inflytande.

I den antika demokratin deltog de medborgare som hade politiska rättigheter själva i och delade den politiska makten. I den parlamentariska styresformen delegerade de medborgare som hade politiska rättigheter, på vissa villkor, bort sin makt. Parlamentarism idag handlar både om att få till stånd och att kontrollera en regering, men inte om medborgarnas eget personliga direkta deltagande i det konkreta utövandet av makten.

Under parlamentarismens första århundraden var privilegier baserade på arv, förmögenhet, utbildning och kön avgörande för valrätten och för deltagandet i parlamentet (riksdagen). Det var när den allmänna rösträtten infördes och parlamentet kom att öppnas för alla medborgargrupper som begreppet demokrati började komma i bruk. På så sätt markerades skillnaden gentemot den tidigare begränsade parlamentarismen med inskränkt rösträtt.

När parlamentarismen demokratiserades, i betydelsen att den öppnades för alla medborgare, blev de två begreppen parlamentarism och demokrati ofta sammanlänkade till 'parlamentarisk demokrati'. Numera sätts ibland, enligt min mening felaktigt, likhetstecken mellan de två delbegreppen, som om de vore utbytbara.

Ett nytt historiskt läge?

Utgångspunkten för denna bok var att vi ibland rör oss med två olika demokratiuppfattningar. Den ena är den som föreskrivs i grundlagen. Det är den som brukar gå under benämningen 'god demokratisk ordning'. Men det råder knappast enighet om att just denna definitionen av demokrati skulle vara den enda, eller mest självklara.

I dagens samhälle, där många har kunnat skaffa sig utbildning och utblickar, verkar allt fler vilja påverka sin livssituation på ett betydligt mer direkt sätt än hittills. Handlade den inledningsvis beskrivna ockupationen av en skogsdunge i Umeå egentligen om detta? Är det därför vi idag rör oss med två olika demokratiuppfattningar? Inte bara den formella lagstadgade demokratin, som definieras av reglerna för vårt parlamentariska politiska system, och i vilken vi deltar när vi går till allmänna val. Utan också en mer ”vardaglig” demokratiuppfattning.

Denna vardagsuppfattning om demokrati verkar bli aktuell när vi särskilt personligt och påtagligt berörs i vår närliggande vardag. Ofta lägger vi då tonvikten mera vid att de som är mest berörda skall ha ett reellt inflytande, än vid att det just är de formella parlamentariska reglerna som tillämpas. Det vill säga – egentligen en mer antik form av demokrati.

REFERENSLISTA

Aristoteles (1993), *Politiken,* Jonsered: Paul Åströms förlag.

Aristoteles (2012/1967), *Den nikomachiska etiken*, Bokförlaget Daidalos.

Aristotle (1960/1948), *The Politics of Aristotle,* Oxford: Clarendon Press.

Aristotle (1980/1962), *The Politics*, Harmondsworth: Penguin Books.

Aristotle (1987/1984), *The Athenian Constitution*, Harmondsworth: Penguin Books.

Aspelin, Gunnar (1963/1943), *Filosofins historia*, Uppsala: Almqvist & Wiksell.

Aspelin, Gunnar (1981/1951), *Tankens vägar. En översikt över filosofins utveckling*, Lund: Bokförlaget Doxa.

Barnes, Jonathan (1989/82), *Aristotle*, Oxford New York: Oxford University Press.

Baumhauer, Otto A. (1986), *Die sophistische Rhetorik. Eine Theorie sprachlicher Kommunikation*, Stuttgart: J.B. Metzlersche Verlags-buchhandlung.

Berg Eriksen, Trond, Tranøy, Knut Erik og Fløistad, Guttorm (1985), *Filosofi og Vitenskap fra antikken til vår egen tid*, Oslo-Bergen-Stavanger-Tromsø: Universitetsforlaget.

Birgersson, Bengt Owe och Westerståhl, Jörgen (1987), *Den svenska folkstyrelsen*, Stockholm: Liber Förlag.

Braun, Eberhard, Heine, Felix, Opolka, Uwe (1984), *Politische Philosophie, Ein Lesebuch. Texte, Analysen, Kommentare.* Hamburg: Rowolt Taschenbuch Verlag.

Christiansen, Erik (1974), *Politisk teoridannelse i antikken*, København: Berlinske Forlag.

Coles (1967), *Aristotle. Nichomachean Ethics. Notes*, London Toronto: Coles Publishing Company Limited.

Davies, John K. (1983/1978), *Das klassische Griechenland und die Demokratie*, München: Deutscher Taschenbuch Verlag GmbH.

Dunn, John (1992), *Democracy: The unfinished journey, 508 BC to AD 1993*, Oxford: Oxford University Press.

Eriksson, Gunnar, Frängsmyr, Tore (1982), *Idéhistoriens huvudlinjer*, Stockholm: Wahlström & Widstrand.

Farrar, Cynthia (1988), *The origins of democratic thinking, The invention of politics in classical Athens,* Cambridge New York New Rochelle Melbourne Sydney: Cambridge University Press.

Fehr, Burkhard (1984), *Die Tyrannentöter. Oder: Kann man der Demokratie ein Denkmal setzen?*, Frankfurt am Main: Fischer Taschenbuch Verlag.

Finley, M. I. (1973/1968), *The Ancient Economy*, London: Chatto & Windus.

Finley, M. I. (1983/1953), *Economy and Society in Ancient Greece*, Harmondsworth: Penguin Books Ltd.

Finley, M. I. (ed) (1984/1981), *The Legacy of Greece. A New Appraisal*, New York: Oxford University Press.

Finley, M. I. (1984/1983), *Politics in the Ancient World*, Cambridge London New York New Rochelle Melbourne Sydney: Cambridge University Press.

Finley, M. I. (1986/1954), *The World of Odysseus,* Harmondsworth: Penguin Books Ltd.

Finley, M. I. (1996/1985/1973), *Democracy Ancient and Modern*, Revised Edition, Rutger University Press.

Forrest, W. G. (1966), *The Emergence of Greek Democracy. The character of Greek politics, 800-400 BC,* London: Weidenfeld and Nicholson.

Furuhagen, Hans (1982), *Grekernas värld*, Stockholm: Bonnier Fakta Bokförlag

Geschichtliche Grundbegriffe. Historisches Lexikon zur politisch-sozialen Sprache in Deutschland, Brunnert, Otto [Hrsg.] (1984/1972), Bd 1, Stuttgart: Klett-Cotta.

Gomme, Arnold Wycombe (1937), *Essays in Greek History and Literature*, Oxford: Basil Blackwell.

Gouldner, Alvin W. (1965), *Enter Plato. Classical Greece and the Origins of Social Theory, Part One*, New York: Basic Books.

Graubard, Stephen R.: "Demokrati" i Hagtvet, Bernt og Lafferty, William M. (1984), *Demokrati og demokratisering*, Oslo: H. Aschehoug & Co.

Hansen, Mogens Herman (1979), *Den athenske demokrati i 4. århundrade f.Kr., Del 5, Embedsmænden,* Museum Tusculanum, København.

Hansen, Mogens Herman (1982/1977), *Den athenske demokrati i 4. århundrade f.Kr., 1-3, Del 2, Folkeforsamlingen*, Museum Tusculanum, København.

Hansen, Mogens Herman (1982/1978), *Den athenske demokrati i 4. århundrade f.Kr., 1-3, Del 1, Staten, folket, forfatningen*, Museum Tusculanum, København.

Hansen, Mogens Herman: "Filosoferne Sokrates, Platon og Aristoteteles", i Thomsen, Rudi (ed.) (1986), *Den athenske demokrati i samtidens og eftertidens syn*, I, Aarhus: Forlaget tidskriften Sfinx.

Hansen, Mogens Herman (1999/1991), *The Athenian Democracy in the Age of Demosthenes. Structure, Principles and Ideology*, Bristol Classical Paperbacks.

Hansen, Mogens Herman (2004), *Polis, den oldgræske bystatskultur,* Museum Tusculanums Forlag, Københavns Universitet.

Hansen, Mogens Herman (2012), *Demokratiets historia. Fra oldtiden til nutid*, Museum Tusculanums Forlag, Københavns Universitet.

Hansson, Sven Ove, Hermansson, Jörgen (red.), (1992), *Idéer om demokrati*, Stockholm: Tidens förlag.

Hattersley, Alan F. (1930), *A Short History of Democracy*, London: Cambridge University Press.

Hedman, Eva (1985), *Vad är demokrati? Kring demokratibegreppet som idé och realitet genom historien*, Stockholm: Nordiska institutet för samhällsplanering, Medd: 1985:2.

Held, David (1987), *Models of Democracy*, Cambridge: Polity Press.

Herodotos (2008/1968), *Herodotos historia*, Stockholm: Norstedts.

Karlsson, Ingmar (2007), *Vårt arabiska arv*, Pocketbiblioteket Nr 25, SNS förlag.

Kinzl, Konrad H. [Hrsg.] (1995), *Der Weg zur Demokratie bei den Griechen*, Darmstadt: Wissenschaftliche Buchgesellschaft.

Kitto, Humphrey Davey Findley (1986/1957/1951), *The Greeks*, Hammondsworthe/NewYork/Ringwood/Auckland: Penguin Books.

Larsen, Jakob A. O. (1966/1955), *Representative Government in Greek and Roman History*, Berkeley and Los Angeles: University of California Press.

Lindberg, Bo, ”Demokratin i historien” i *Vår bild av verkligheten. Idéhistoriska teman* (1986), red. Ingemar Nilsson, Stockholm/Malmö: Utbildningsradion och Liber Hermods.

Meier, C. (1970), *Entstehung des Begriffs ”Demokratie”. Vier Prolegomena zu einer historischen Theorie*, Frankfurt am Main: Suhrkamp.

Naess, Arne, Christophersen, Jens A., Kvalø, Kjell (1956), *Democracy, Ideology and Objectivity. Studies in the Semantica and Cognitive Analysis of Ideological Controversy*. Oslo: University Press/ Oxford: Basil Blackwell.

Nationalencyklopedin, fjärde bandet (1990), s. 496 (C. Wikander resp. N. Andrén).

Nordisk familjebok, bd 1 (1904), bd 6 (1907), bd 21 (1915), bd 26 (1917).

Palme, M., Svenbro, J. (1976), ”Att kolonialisera antiken. Ett samtal om en avhandling.”, *Bonniers Litterära Magasin*.

Plato (1980/1955), *The Republic*, Hammondsworth/New York/Ringwood/Ontario/Auckland: Penguin Books.

Platon (1985), *Statsmannen*, Lund: Doxa.

Popper, K. R. (1969/1945), *The Open Society and its Enemies, Vol. 1: The Spell of Plato*, London: Routledge & Kegan Paul.

Ross, Alf, ”Hvad er demokrati?” i Ross, Alf/Koch, Hal (1949), *Nordisk demokrati*, København: Westermann.

Sartori, Giovanni (1987), *The Theory of Democracy Revisited*, New Jersey: Chatham House.

Sellberg, Erland (1994), i artikel om den svenska översättningen av Aristoteles Politiken, *Svenska Dagbladet*, 17 april.

SFS nr 1974:152. Kungörelse om beslutad ny regeringsform.

Starr, Chester G. (1977), *The Economic and Social Growth of Early Greece*, New York: Oxford University Press.

Tarkiainen, Tuttu (1966/1959), *Die athenische Demokratie*, Zürich: Artemis Verlag.

Taylor, Alfred Edward (1955/1919), *Aristotle*, New York: Dover Publications.

Theimer, Walter (1981/1947), *Lexikon der Politik. Politische Grundbegriffe und Grundgedanken*, München: Francke Verlag.

Thukydides (1978), *Kriget mellan Sparta och Athen*, I och II. Stockholm: Forum. Översättning och kommentar: Sture Linnér.

Tingsten, H. (1964/1945), *Demokratiens problem*, Stockholm: Bokförlaget Aldus/Bonniers.

Fördrag om upprättande av konstitution för Europa i juli 2003, 2003/C 169/01, Utkast.

Vernant, Jean-Pierre (1982/1962), *The Origins of Greek Thought*, Ithaca, New York: Cornell University Press.

Vlastos, G. (1953), "Isonomia" i *American Journal of Philology 74*, s. 337–366.

Vogt, Kari, Sissel Lie, Karin Gundersen, Jorunn Bjørgum (red) (1985), *Kvinnenes kulturhistore. Fra antikken til år 1800*, Bind 1, Oslo/Bergen/Stavanger/Tromsö: Universitetsforlaget.

Williams, Raymond (1983/1976), Keywords. A vocabulary of culture and society, London: Fontana Paperbacks.

Winton, R. I., Garnsey, Peter: "Political Theory" i Finley, M.I. (ed) (1984/1981).

Wolin, Sheldon S. (1960), *Politics and Vision. Continuity and Innovation in Western Political Thought*, Boston/Toronto: Little, Brown and Company.

Zilliacus, H. (1980), *Levande tradition. Studier i antiken*, Helsingfors: Söderström & C:o Förlags AB.

Zilliacus, H. (1987), *Hellener och barbarer*, Helsingfors: Söderström & C:o Förlags AB.

TACK

Det var några dramatiska händelser i min närhet som fick igång mig att på allvar fundera över begreppet demokrati. Vad betydde egentligen detta ord? Mitt allmänna intresse av historiska sammanhang gjorde mig också nyfiken på begreppets bakgrund. Hur och varför hade detta begrepp ursprungligen uppstått, och hur hade det använts.

Jag var lyckligt lottad. Bidrag från Humanistisk-samhällsvetenskapliga forskningsrådet gjorde det möjligt för mig att komma igång med mitt sökande. Efter en tid tog dock såväl livet som inriktningen på mitt arbete sig andra vändningar än jag förutsett. Konkret betydde detta att jag fick fortsätta mitt sökande som ett eget projekt vid sidan av mina andra arbetsuppgifter. Dock har jag haft den oerhört stora förmånen att via mina olika arbeten komma i kontakt med många människor som genom sina olikartade erfarenheter, sitt intresse och sin uppmuntran stimulerat mig till gå vidare med mitt projekt. Jag är dem alla oändligt stort tack skyldig!

De arbetsplatser jag vill lyfta fram är Sociologiska institutionen vid Umeå universitet, dåvarande Nordiska institutet för samhällsplanering i Stockholm och Boverkets bostadsmarknads- och analysenheter i Karlskrona.

Genom de många åren har det blivit en mängd personer jag egentligen skulle vilja kunna tacka. Tyvärr är det inte praktiskt möjligt. Bland de många är det ändå några personer jag vill lyfta fram. Vid olika för mig särskilt strategiska tidpunkter har de funnits där med sina ord, och därmed fått mig att vilja gå vidare. Jag väljer att nämna dem i alfabetsordning: Kerstin Bohm, Elisabeth Berg, Trygve Carlsson, Stina Fransson, Jens Schjerup Hansen, Fredrik von Platen, Sofia Sahlén och Folke Schimanski.

Jag vill även rikta mina tack åt ett annat håll. Nämligen till de många historiker utan vars forskningsinsatser om antikens Grekland mitt arbete överhuvudtaget inte hade varit möjligt. Bland de många vars arbeten jag studerat är det några som varit särskilt betydelsefulla för mig, nämligen antikhistorikerna Hans Furuhagen (som ursprungligen väckte mitt intresse för att stanna upp och fördjupa mig i just antikens demokrati), M.I. Finley, Mogens Herman Hansen, och även filosofen Aristoteles. Också sociologen Alvin W. Gouldner har betytt mycket för mig. Utan att själv vara historiker fann han det nödvändigt att återvända till antikens Grekland för att bättre kunna förstå sin samtid och dess teoretiska tänkande.

Jag har sparat två avgörande personer jag vill nämna till sist. Först min nyblivna granne Ingrid Åhrberg. Utan hennes intresserade nyfikenhet, historieintresse, diskussionslust, pådrivande uppmuntran och, inte minst, hennes stora kunnande i textbearbetning och korrekturläsning vet jag faktiskt inte om jag hade orkat ända fram.

Och så den allra mest avgörande, min make sedan mer än trettio år, Bosse Helgeson. För hans insatser och betydelse saknar jag faktiskt ord. Mitt arbete kring antikens demokrati har pågått under en stor del av vårt gifta liv tillsammans. Han har både klarat att stå ut med en envis person som har svårt att ge sig när hon fått något i huvudet – och ändå fortsätta att ge ett självklart stöd som inneburit både uppmuntran och de nödvändiga frågorna om vad jag egentligen vill säga. Därtill kommer allt det praktiska stöd han givit mig genom att via sina kunskaper göra det möjligt för mig att dra verklig nytta av den explosionsartade utveckling som datorvärlden genomgått under dessa år.

Uppsala i mars 2015